CB138450

Turismo, Patrimônio e REGIONALIZAÇÃO

Esmeralda Macedo Serpa
Ana Carolina Barbosa Angeli
Douglas Alexandre Dias
Guilherme Antonio Bim Copiano
Vinicius Moraes Raszl
Giliard Sousa Ribeiro

São Paulo
2019

Av. das Nações Unidas, 7221, 1º Andar, Setor B
Pinheiros – São Paulo – SP – CEP: 05425-902

SAC | Dúvidas referente a conteúdo editorial, material de apoio e reclamações: sac.sets@somoseducacao.com.br

Direção executiva	Flávia Alves Bravin
Direção editorial	Renata Pascual Müller
Gerência editorial	Rita de Cássia S. Puoço
Editora de aquisições	Rosana Ap. Alves dos Santos
Editoras	Paula Hercy Cardoso Craveiro
	Silvia Campos Ferreira
Assistente editorial	Rafael Henrique Lima Fulanetti
Produtores editoriais	Camilla Felix Cianelli Chaves
	Laudemir Marinho dos Santos
Serviços editoriais	Juliana Bojczuk Fermino
	Kelli Priscila Pinto
	Marília Cordeiro

Preparação	Ana Paula Felippe
Revisão	Erika Alonso
Projeto gráfico e Diagramação	Tangente Design
Impressão e acabamento	Bercrom Gráfica e Editora

Dados Internacionais de Catalogação na Publicação (CIP)
Angélica Ilacqua CRB-8/7057

Turismo, patrimônio e regionalização / Esmeralda Macedo Serpa...[et al] -- São Paulo : Érica, 2019.

144 p.

Bibliografia

ISBN 978-85-365-3142-7

1. Turismo 2. Turismo - Profissão 3. Turismo - Indústria I. Serpa, Esmeralda Macedo

19-0684 CDD-338.4791
CDU-338.48

Índices para catálogo sistemático:
1. Turismo

Copyright© 2019 Saraiva Educação
Todos os direitos reservados.

1ª edição
1ª tiragem: 2019

Nenhuma parte desta publicação poderá ser reproduzida por qualquer meio ou forma sem a prévia autorização da Saraiva Educação. A violação dos direitos autorais é crime estabelecido na lei nº 9.610/98 e punido pelo artigo 184 do Código Penal.

CO 643103 CL 642363 CAE 631387

DEDICATÓRIA

Dedicamos este livro à equipe do Grupo de Formulação e Análises Curriculares (GFAC), do Centro Paula Souza, pertencente ao eixo de Turismo, Hospitalidade e Lazer, liderada pela Profª Fernanda Mello Demai, sob a coordenação geral do Prof. Almério Melquíades de Araújo e dirigida pela superintendente Profª Laura Laganá.

Agradecemos pela confiança no trabalho e por nos fornecerem condições para a realização do sonho de colaborar com a construção do conhecimento e do entendimento de uma área ainda pouco reconhecida.

Os autores

AGRADECIMENTO

Agradeço esta conquista aos meus netos Pedro Jorge A. Serpa e Maria Victoria Serpa Buratto, que mesmo sem terem consciência geram forças para que meu corpo e minha alma sigam em harmonia.

Gratidão de forma especial ao meu irmão, Reinaldo Serpa, que este ano se transformou em estrela e cuja presença intercalada com ausência, me fez refletir para valorizar ainda mais os que seguem ao meu lado.

Esmeralda Macedo Serpa

Agradeço à Esmeralda Macedo Serpa por sua generosidade em partilhar todo o seu conhecimento, por sua confiança em mim e confiança no meu trabalho. Aos professores Douglas Alexandre Dias, Giliard Sousa Ribeiro e Vinicius Moraes Raszl pela parceria neste projeto. A Guilherme Antonio Bim Copiano, carinhosamente, por estarmos juntos em mais este desafio. À minha família, em especial ao pequeno Bento, que em todos os momentos está ao meu lado. A meu pai, Clementino Humberto Ricci Angeli, meu maior mestre na vida e na profissão, que me ensinou quase tudo o que sei sobre Hotelaria e que sempre acreditou na educação, me incentivando na busca pelo conhecimento.

Ana Carolina Barbosa Angeli

Agradeço a conclusão destes escritos à minha família – Tatiane, Thomas e Romeo – pela inspiração e pelo apoio constantes aos meus projetos.

Douglas Alexandre Dias

Agradeço à minha família, em especial à minha esposa, Ana Carolina, pelas leituras, releituras, correções, sugestões, incentivos e cafés. Ao pequeno Bento pela alegria e por tornar o trabalho mais leve. À professora Esmeralda Macedo Serpa, pela oportunidade, pelo exemplo e pelo aprendizado.

Guilherme Antonio Bim Copiano

Agradeço a realização deste trabalho à minha esposa, Sara, e à minha filha, Cecília, que são as fontes de minhas motivação e inspiração para o trabalho.

Vinicius Moraes Raszl

Agradeço aos meus pais, Sandra Sousa e Manoel Ribeiro, ao meu companheiro, Marco Albuquerque, e aos meus alunos, do Centro Paula Souza e do Instituto Federal de São Paulo, por me darem força para continuar.

"Ubuntu: eu sou porque nós somos!"

Giliard Sousa Ribeiro

SUMÁRIO

PREFÁCIO

A área de Turismo no Brasil sempre foi muito paradoxal. Ao mesmo tempo que qualquer pessoa é capaz de reconhecer as belezas naturais e a riqueza histórico-cultural do país, entendendo as diferentes possibilidades de ganhos econômicos com a atividade e reconhecendo a existência de um significativo e empenhado grupo de empresários que atuam na administração de pequenos negócios, muitos ainda se surpreendem que existam cursos específicos para o setor, em diferentes níveis da educação formal, e que haja (ainda que em número muito reduzido) políticos interessados em atuar no desenvolvimento dessa atividade no país.

Ao escolherem o Turismo como carreira, os jovens interessados enfrentam uma série de dúvidas e questionamentos de pessoas próximas em relação à opção feita e às oportunidades que a carreira proporciona, entendidas como restritas e mal remuneradas em um mundo tomado pela tecnologia e pelos negócios criativos.

É de fundamental importância, portanto, que mais profissionais se reúnam para disseminar informações sobre o Turismo e as muitas possibilidades que esta carreira oferece.

Neste livro, que busca não apenas documentar aspectos relevantes da organização e da gestão da atividade, contextualizando-as em relação às regulações e às orientações políticas existentes, o leitor encontrará um convite à compreensão desta atividade multifacetada.

Trata-se de uma obra introdutória, cuja leitura é recomendada a todos que escolheram o Turismo como carreira ou que nela se encontram independentemente de sua formação. Com estrutura leve, de fácil compreensão e repleta de convites à reflexão, oferece exemplos e pesquisas em ambiente digital, dando ao leitor autonomia na construção de seu próprio referencial.

É, sem dúvida, a manifestação evidente do compromisso de seus autores com a consolidação da área no ambiente acadêmico e sua disseminação em todos os níveis em que a informação se faz necessária – sejam eles teórico, político, empresarial ou apenas pela curiosidade.

Boa leitura!

Profª Dra. Mariana Aldrigui

Professora e pesquisadora da Universidade de São Paulo (USP)

Presidente do Conselho de Turismo da Fecomercio-SP

Há as viagens que se sonham e as viagens que se fazem – o que é muito diferente. O sonho do viajante está longe, no fim da viagem, onde habitam as coisas imaginadas.

*Cecília Meireles**

* MEIRELES, C. **Crônicas de viagem**. Rio de Janeiro: Nova Fronteira, 1998. p. 243.

SOBRE OS AUTORES

Esmeralda Macedo Serpa

Graduada em Turismo pelo Centro Universitário Ibero-Americano (1978) e mestre em Educação pela Universidade de Sorocaba (2007). Atualmente, é professora titular e responsável por projetos no Centro Estadual de Educação Tecnológica Paula Souza (Ceeteps). Também é professora do Curso Superior de Tecnologia em Gestão de Turismo, nas Fatec São Paulo e São Roque; atuou como orientadora de estágio e Trabalhos de Conclusão de Curso (TCC) de 2015 a 2017 nos cursos presenciais e à distância; atua como orientadora do curso de Gestão Empresarial na modalidade à distância desde 2017. Possui experiência em Turismo, Hospitalidade e Eventos e atua principalmente nas seguintes áreas: desenvolvimento sustentável, patrimônio cultural, meios de hospedagem, eventos, agenciamento de viagens e consultoria para projetos de cursos na área de turismo e hospitalidade. Autora dos livros *Guia de Turismo: Viagens Técnicas e Avaliação* e *Viagens Técnicas: Planejamento e Formação de Preços*, ambos publicados pela Editora Érica.

Ana Carolina Barbosa Angeli

Tecnóloga em Hotelaria pela Faculdade de Tecnologia Hebraico-Brasileira Renascença (1998); pós-graduada em Gestão de Negócios Hoteleiros pela Fundação Armando Álvares Penteado (Faap – 2001) e em Docência para Gastronomia pela Escola de Hotelaria e Turismo de São Paulo (Hotec – 2007); mestre em Hospitalidade pela Universidade Anhembi Morumbi (2012); licenciada em Pedagogia pela Universidade Nove de Julho (Uninove – 2016). Atuou como gerente de hospedagem no Hotel Itamarati (nos setores de Recepção e Reservas, Governança e Alimentos e Bebidas – 1994-2014), foi professora no Ensino Superior nos cursos de bacharelado em Turismo e Tecnologia em Hotelaria (2001-2014). Atualmente é professora nos cursos técnicos do eixo de Turismo, Hospitalidade e Lazer na Escola Técnica Estadual (Etec) Santa Ifigênia (SP) e coordenadora de projetos no Grupo de Formulação e Análises Curriculares no eixo tecnológico de Turismo, Hospitalidade e Lazer desde 2015.

Douglas Alexandre Dias

Especializado em Gestão Empresarial pela Fatec São Paulo (2010) e graduado em Lazer e Turismo pela Universidade de São Paulo (USP – 2008). Atualmente é gestor de projetos na Fundação de Apoio à Tecnologia (FAT) e professor no ensino superior do Centro Estadual de Educação Tecnológica Paula Souza, nos cursos de Tecnologia em Eventos e Tecnologia em Gestão Empresarial. Presta assessoria em marketing para o Grupo Mancini. Tem experiência em consultoria e projetos com ênfase em terceiro setor e poder público, atuando principalmente nas seguintes áreas: educação, tecnologia e gestão. É aluno do Programa de Mestrado em Gestão e Desenvolvimento da Educação Profissional, no Centro Estadual de Educação Técnica e Tecnológica Paula Souza.

SOBRE OS AUTORES

Guilherme Antonio Bim Copiano

Técnico em Guia de Turismo pela Escola Hotelaria e Turismo de São Paulo (Hotec – 2017). Bacharel em Turismo pela Universidade Anhembi Morumbi (2002). Pós-graduado em Gestão Empresarial pela Universidade Nove de Julho (Uninove – 2010). Licenciado em História pela Universidade Anhanguera (2016). Atua há mais de 10 anos na área da educação em cursos de graduação, tecnólogos e técnicos, nas áreas de: Turismo, Eventos, Lazer e Hotelaria. Atualmente, é professor nos ensinos médio e técnico do Centro Paula Souza e das Escolas Técnicas Estaduais (Etecs) João Belarmino (SP) e de Cotia, nos cursos de Eventos e Turismo Receptivo. Ex-coordenador dos cursos superiores de Turismo e História do Centro Universitário Anhanguera. Possui experiência em consultoria e planejamento na área de Turismo.

Vinicius Moraes Raszl

Graduado em Turismo pela Universidade de São Paulo (USP) e especialista *lato sensu* em Política e Sociedade pela mesma entidade. Atualmente é professor do curso técnico em Eventos da Escola Técnica Estadual (Etec) Santa Ifigênia. Atua junto ao Grupo de Estudos de Educação a Distância do Centro Paula Souza, como professor tutor e conteudista. Já ministrou aulas em cursos técnicos de Agenciamento de Viagens e Guia de Turismo. Tem experiência nas áreas de consultoria e pesquisa em Turismo e ações e eventos ligados à área de marketing promocional.

Giliard Sousa Ribeiro

Mestre em Cultura e Territorialidades pela Universidade Federal Fluminense (UFF – 2017), graduado em Gestão de Turismo pelo Instituto Federal de São Paulo (IFSP – 2012) e especializado *lato sensu* em Gestão do Patrimônio e Cultura pelo Centro Universitário Assunção (Unifai – 2014). Tem experiência nas áreas de educação superior, técnica e profissional, articulação comunitária, arte-educação, educação patrimonial e elaboração/análise de currículos profissionais. Atualmente, é professor de Ensino Médio e Técnico no Centro Paula Souza, nos cursos do eixo tecnológico de Turismo, Hospitalidade e Lazer; também é professor substituto no IFSP – campus Cubatão, na graduação em Turismo e Técnico em Eventos Integrados ao Ensino Médio; é professor do curso tecnológico em Eventos no Centro Universitário Sumaré e Guia de Turismo.

CAPÍTULO 1

Turismo e suas Dimensões

Objetivos da aprendizagem

Neste capítulo, você terá acesso a informações que o ajudarão a compreender o turismo em termos técnicos. Também serão mostrados que setores da economia estão diretamente relacionados à atividade turística, indicando os principais mercados profissionais para as pessoas que buscam atuar neste segmento.

A leitura indicará que as atividades profissionais ligadas ao turismo vão muito além do ato de viajar em si. Trabalhar nesta área exige compreender que existem diversos serviços que funcionam de modo integrado para alguém vivenciar uma experiência turística. O turismo não começa com a viagem, mas sim com a vontade do turista em conhecer uma nova localidade, partindo do deslocamento até o compartilhamento de suas fotos em mídias sociais depois da viagem.

FORTUNATE LAND
A M E R I C A
ATLANTIC
OCEAN
Tropic of Cancer
Azores or Western Is.
Bermuda
Madeiras
Canary Is.
Cape Verde Is.
GULF of MEXICO
CARIBBEAN SEA
TEXAS
NEWFOUNDLAND
ICELAND
O C E A N
Revillagigedo Is.
Galapagos Is.
T H E R N
COLOMBIA
SOUTH
PERU
BRAZIL
BOLIVIA
AMERICA
S O U T H E R
Tropic of Capricorn
O C E A N
Is. of Juan Fernandez
Falkland Is.
Straits of Magellan
Sandwich Land
Southern Thule
SHETLAND
I C O C E A N

O intenso crescimento do setor turístico no Brasil ao longo das últimas décadas fez com que este passasse a ser considerado um nicho estratégico para o desenvolvimento econômico do país.

Em 2016, de acordo com dados divulgados pelo Conselho Mundial de Viagens e Turismo (WTTC), o turismo movimentou R$ 530,5 bilhões, entre atividades diretas, indiretas e induzidas. Quando considerada apenas a contribuição direta, sua participação é de R$ 198 bilhões, o equivalente a 3,4% do Produto Interno Bruto (PIB). A estimativa é de que, em 2027, o turismo alcance R$ 739 bilhões, ou seja, 9,1% do PIB brasileiro, e gere 8,91 milhões de empregos no país.

1.1 COMPREENDENDO O TURISMO

Se você perguntar para várias pessoas o que significa **turismo**, a maioria delas responderá com palavras como viagem, praia, natureza, diversão, descanso, novas culturas, conhecer outros países, enfim, seriam ditos vários termos que buscariam identificar seu significado. E, de fato, nenhum deles está errado, mas, para que se compreenda de modo mais amplo essa atividade socioeconômica, é importante aprofundar seus conhecimentos, de modo que uma bagagem de repertório técnico seja formada.

Iniciamos essa busca pela conceituação técnica, por meio do entendimento do significado da palavra turismo – e saiba que existe certa controvérsia quanto ao seu surgimento, ou seja, sua etimologia. Essa controvérsia vem do fato de que a palavra adotada no português tem sua origem no inglês *tour,* porém, a língua inglesa recorreu ao francês para formar sua nova palavra (ANDRADE, 2000).

E qual seria a palavra-mãe do termo turismo, de fato? No francês, a palavra *tourisme* tem o significado que aqui se busca, mas ela também tem origem em outra língua, isso porque o radical da palavra *tourisme* vem do latim *tornus*, que significa "fazer a volta", "volta ao redor" ou "ir a algum lugar e retornar".

Qual seria a relevância da consolidação do termo na língua portuguesa? O que se observa é que a confusão mencionada se dá pelo pioneirismo dos ingleses na organização de viagens com fins da prática do lazer nos moldes atuais. Para isso, se faz necessário uma contextualização histórica, a fim de que se possam aprofundar esses estudos; o recorte no tempo aqui proposto nos leva a 1840, quando o empresário inglês **Thomas Cook** (1808-1892) organizou uma viagem para um congresso antialcoólico em Loughborough, na Inglaterra, com custo acessível para os viajantes. Este preço foi conseguido por meio de uma negociação com a empresa ferroviária que operava o trecho à época, com a qual Cook se comprometeu a vender certa quantidade de passagens, desde que fosse garantido um preço mais acessível aos viajantes. Dava-se aí o primeiro fretamento de trem da história.

Personagem que revolucionou a atividade comercial do turismo, foi o responsável por introduzir o conceito de viagem organizada, popularizando essa atividade e tornando-a mais acessível a todas as classes sociais. Cook foi quem criou o pacote turístico (preço, passagem, traslados, refeições e hospedagem).

Cook passou a organizar outras viagens no mesmo molde, dentro do Reino Unido, sempre com o princípio de propiciar ao maior número possível de pessoas viagens que pudessem ampliar seu repertório cultural. Este turismo rudimentar acabou por ser tornar um grande negócio, sendo ampliado por outros países da Europa e chegando a alcançar locais como Índia, Austrália, Nova Zelândia e Estados Unidos (REJOWSKI, 2002).

É fato que as viagens, mesmo a lazer, ocorriam desde a Antiguidade – não foi Thomas Cook quem inventou o turismo, mas ele conseguiu potencializá-lo como uma atividade de massa, criando uma rede de conexões entre transporte, hospedagem, atrativos e mesmo bancos, para que descontassem os cheques-viagem que eram emitidos por sua agência, a Thomas Cook & Son.

1.1.1 Conceito técnico

Prosseguindo a busca pela definição técnica de turismo, é possível constatar que muitos são os autores que procuram definir seu significado e, por isso, são diversas as definições que se podem encontrar. Seria muito difícil e pouco produtivo discutir todas as terminologias propostas e, por esse motivo, será adotada a definição da **Organização Mundial do Turismo (OMT)**, órgão que possui amplos trabalhos e estudos, ligado à Organização das Nações Unidas (ONU), a qual possui significativa representação internacional.

A OMT foi criada em 1970 e atualmente conta com 158 países-membros e mais de 500 afiliados que representam o setor privado. Seu site oficial <http://www2.unwto.org/> está disponível em inglês, espanhol e francês. A entidade tem como objetivo desenvolver o turismo de forma competitiva e sustentável, propiciando a inclusão social e proteção ambiental.

A OMT não define a palavra turismo, mas, sim, o termo **visitante**, que seria na prática aquele que faz turismo.

> Um visitante é um viajante que vai para uma localidade fora de seu entorno habitual, por menos de um ano, com o objetivo de praticar negócios, lazer ou propósitos pessoais, e que não envolva ser empregado por uma entidade fixada no país a ser visitado. (OMT, 2008, tradução nossa.)

É importante analisarmos três pontos específicos que estão contidos neste conceito.

- **Entorno habitual:** nem todo mundo que viaja pratica turismo, ainda que todo mundo que pratique turismo necessariamente viaje. Pareceu confuso? Imagine uma pessoa que more em São Paulo (SP) e trabalhe em Santos (SP), de segunda a sexta-feira. Essa pessoa viaja todo dia para ir ao trabalho e voltar para casa. No entanto, esta viagem é tão corriqueira que se tornou parte do cotidiano e, por este motivo, deixou de ser uma atividade turística.

- **Prazo da viagem:** o conceito em estudo aborda um prazo menor do que um ano de viagem. Na verdade, isso é uma convenção, até mesmo para que se possam realizar estudos estatísticos. Ou seja, para a OMT, de modo geral, pessoas que permanecem mais de 12 meses em uma mesma localidade passam a ser consideradas residentes, passando este a ser um entorno habitual.

- **Turismo de negócios:** além de praticar lazer, que seria a motivação principal do turismo, também é admitida a prática de viagens de negócios. Isso porque uma pessoa que vai participar de uma feira de negócios em outro município, por exemplo, mesmo que não desfrute de práticas de lazer, utilizará a maior parte dos serviços relacionados ao turismo, como transporte, hospedagem, alimentação e, por este motivo, é considerada como uma visitante em prática de turismo. Eventualmente, este turista de negócios pode até visitar atrativos turísticos, mas este não é um requisito para ser considerado turista.

1.1.2 Turista *versus* excursionista

Para a OMT (2008), turista e excursionista são dois conceitos diferentes. Vale ressaltar que ambos praticam o turismo, mas recebem definições diferentes devido à existência do pernoite, ou seja, da hospedagem durante a noite em estabelecimento próprio para isso ou casas de amigos e parentes. Assim, temos que:

- **turista:** é o viajante que permanece por pelo menos 24 horas em uma localidade, realizando um pernoite;

- **excursionista:** é aquele viajante que pratica o turismo, mas não pernoita em uma localidade. É a famosa viagem "bate e volta".

Figura 1.1 A duração da viagem determinará a classificação do tipo de visitante.

1.2 ORGANIZAÇÃO DO TURISMO

Como se distingue um turista que viaja dentro de seu próprio país de um que viaja ao exterior? Em que moldes a viagem ao exterior foi organizada? As respostas a estas perguntas são de grande importância para que se possam distinguir as diferentes maneiras de viajar. O turismo praticado fora de seu país de origem, o turismo internacional, apresenta aspectos particulares, como questões legais, ligadas ao visto de viagem ou mesmo ao câmbio de moedas.

O modo como as viagens são organizadas não pode fugir da visão de quem trabalha com turismo; cada vez mais agências de viagens migram para o mundo virtual ao mesmo tempo que os turistas têm mais acesso às informações e até mesmo às compras de serviços turísticos de modo independente. Por isso, é importante compreender as características de organização das viagens.

O Ministério do Turismo brasileiro possui um portal com diversas publicações sobre levantamentos estatísticos. Disponível em: <http://www.dadosefatos.turismo.gov.br/>. Acesso em: 28 jan. 2019.

1.2.1 Demanda turística

A demanda turística diz respeito ao grupo de pessoas que viaja ou que pode vir a viajar. É fundamental compreender a demanda turística para que se planejem a necessidade de mudanças ou as qualificações na oferta de produtos e serviços turísticos, ou até mesmo o perfil da demanda que pode ser utilizado em estratégias de marketing. Para que fique mais claro o que é a **demanda turística**, será utilizado o conceito de Cooper *et al.* (2007).

- **Demanda real ou efetiva:** são os turistas que visitam uma determinada localidade e, por este motivo, podem ser contados e estudados estatisticamente.
- **Demanda potencial:** são as pessoas que não viajam, mas que o poderiam fazer, caso fossem estimuladas ou encontrassem condições favoráveis aos seus anseios.
- **Não demanda:** são as pessoas que não querem viajar.

Figura 1.2 A demanda turística é composta por pessoas que viajam ou desejam viajar.

1.2.2 Oferta turística

A oferta turística é um conjunto de serviços e estruturas que atendem aos turistas, podendo inclusive ser a geradora da demanda turística por uma determinada região. Entenda por oferta, então, os serviços, as estruturas e os atrativos que são oferecidos aos turistas, sendo dividida em duas categorias:

- **Oferta original ou diferencial:** são os elementos que compõe o turismo de um destino de modo anterior ao próprio turismo. Nesta categoria estão incluídos os atrativos naturais e culturais, que apesar de poderem ser geridos por um ente privado ou mesmo pelo poder público são pertencentes à sociedade (BENI, 2002).
  Exemplos de oferta original: Praia de Trindade, em Paraty/RJ (oferta natural), e Festa do Bumba-Meu-Boi, em São Luís/MA (oferta cultural).

Figura 1.3 A oferta turística é composta pelos atrativos, serviços e estruturas que atendem ao turismo.

- **Oferta técnica ou agregada**: Beni (2002) descreve ainda outro tipo de oferta turística, que é representada pelos serviços e estruturas que atendem aos turistas e decorrem justamente do desejo destes em serem atendidos por determinadas estruturas.
  Exemplos de oferta técnica: transportes, meios de hospedagem, agências de viagens, entre outros. Ou seja, são estruturas e serviços construídos para atender ao turista.

1.2.3 Formas de turismo

Para compreender o turismo em sua dimensão e o seu modo de funcionamento, é importante estudar como as viagens são organizadas e também de que modo os fluxos de turistas se desenvolvem de uma localidade a outra.

Utilizaremos os conceitos sobre organização de viagens propostos por Andrade (2000) para iniciar esta análise, os quais dividem o turismo em formas de viagem, conforme explicado nos itens a seguir.

- **Turismo individual:** é aquele organizado de maneira independente, ou seja, o próprio viajante é quem planeja seu roteiro, escolhe os destinos turísticos e os atrativos a serem visitados, reservando seu hotel e organizando seu transporte.
  Esta forma de viajar sempre existiu, mas foi potencializada com a popularização da internet, já que se tornou mais fácil adquirir serviços ligados ao turismo, como as compras de passagens aéreas, reservas de hotéis e principalmente tornou acessível a pesquisa sobre o local que se pretende visitar, podendo obter informações completas sobre os atrativos turísticos, e inclusive visualizar em mapas on-line sua localização.

Figura 1.4 O turismo individual é aquele organizado pelo próprio turista, sem intermediários.

Figura 1.5 O turismo organizado é desenvolvido por meio de um terceiro, normalmente, um agente de viagens.

O Serviço Social do Comércio de São Paulo (SESC-SP) possui um trabalho de turismo social muito ativo. Obtenha mais informações em: <https://goo.gl/rdw-q3e>. Acesso em: 28 jan. 2019.

- **Turismo organizado:** é aquele elaborado por um terceiro para o turista, podendo ser "[...] agência de viagens, associações, entidades de classes, clubes ou por qualquer outra organização que envolva grupos de pessoas" (ANDRADE, 2000, p. 82).
Curiosamente, se o turismo independente foi ampliado com a internet, muitas agências de viagem também migraram para o ambiente virtual, facilitando ainda mais o acesso de viajantes a seus serviços. Já o mercado de agências de viagens físicas, ou seja, aquelas de rua, tiveram de se adaptar à nova realidade, até mesmo com a inclusão de novos produtos ou mesmo oferecendo atendimento com alto grau de personalização.

- **Turismo social:** ainda com base em Andrade (2000), outra forma de turismo derivada do turismo organizado são as **viagens de cunho social**. Elas são apoiadas por organizações sociais ou mesmo pelo governo, que propiciam a um público com baixo poder aquisitivo a possibilidade de conhecer um destino turístico como turistas, seja através da gratuidade ou mesmo do financiamento subsidiado de viagens.

Figura 1.6 O turismo social diz respeito a viagens subsidiadas ou até mesmo gratuitas organizadas por órgãos públicos ou entidades assistenciais.

1.2.4 A viagem segundo sua abrangência

O modo como o turismo ocorre está relacionado tanto à abrangência geográfica da viagem, ou seja, se é nacional ou internacional, quanto ao ponto de vista de quem parte para sua viagem e de quem recebe o turista. Essas terminologias são fundamentais no entendimento do turismo, tanto no que toca ao planejamento do turismo quanto à prática em si.

Figura 1.7 Turismo emissivo é o observado a partir do local onde reside o turista, ou seja, do ponto de vista de quem viaja.

- **Turismo emissivo:** é aquele considerado em sua organização e desenvolvimento a partir do local de residência do turista. Um agente de viagens ao vender um pacote de turismo para um turista está vendendo um serviço emissivo, porque considera um serviço que se inicia no ponto de partida da viagem.

Figura 1.8 O turismo receptivo é observado sob a óptica de quem recebe o turista.

- **Turismo receptivo:** este tipo de turismo conta com serviços que iniciam no próprio destino turístico. O turista pode comprar um serviço de receptivo dentro de um pacote emissivo. Por exemplo: se viajar a Foz do Iguaçu e comprar um passeio para a Usina de Itaipu, incluindo traslado e guia de turismo local, nesse caso o passeio contratado é um serviço de receptivo.

- **Viagem doméstica:** este conceito complementa a ideia de turismos emissivo e receptivo. O turismo doméstico é aquele realizado dentro do próprio país do turista, o que não quer dizer que obrigatoriamente se tratam de viagens curtas ou feitas com transporte rodoviário.

  A viagem doméstica rodoviária é totalmente possível em um país como o Brasil. No entanto, fazer uma viagem rodoviária entre São Paulo e Manaus, que estão distantes cerca de 3.900 km uma da outra, requereria uma logística muito especial por conta das numerosas paradas e necessidades de abastecimento.

Figura 1.9 As viagens domésticas são o deslocamento de turistas dentro de um mesmo país, sendo que um turista em viagem internacional pode também realizar uma viagem doméstica dentro de seu roteiro.

- **Viagem internacional:** fica evidente, neste caso, que se trata da viagem que cruza fronteiras de um ou mais países. Não se pode, nestas viagens, generalizar a distância ou o transporte utilizado, assim como no caso das viagens domésticas.

  Uma viagem internacional pode ocorrer através de curtas distâncias, como é o caso das fronteiras terrestres, que podem ser atravessadas a pé. As cidades de Chuí, no Rio Grande do Sul, e de Chuy, no Uruguai, são divididas por apenas uma avenida.

Figura 1.10 As viagens internacionais independem do meio de transporte utilizado, ou seja, é possível fazê-la a pé, de carro, navio ou avião, desde que uma fronteira seja cruzada.

1.3 EMPRESAS DO SETOR DE TURISMO

O produto turístico apresenta como característica o fato de ser um conjunto de serviços que são agregados para oferecer uma experiência ao turista. Justamente por envolver diferentes setores da economia em sua composição, o turismo possui uma grande complexidade em termos de mercado e formatação de produtos. Neste tópico será analisado cada um dos principais setores da economia envolvidos com o turismo.

1.3.1 Atrativos turísticos

Para Beni (2002), os atrativos turísticos são componentes da Oferta Turística Original e Diferencial, ou seja, são os elementos que atraem os turistas para uma determinada localidade ou têm potencial para gerar esta atração e, neste caso, são chamados de recursos turísticos. Os atrativos podem ser subdivididos em:

- **Naturais:** locais que possuem atrações não humanas, ou seja, da natureza, como praias, montanhas, florestas, rios, entre outros.
- **Culturais:** locais que disponibilizam criações humanas e incluem desde as manifestações culturais de um povo, passando por suas construções históricas, ou mesmo elementos modernos, que dão suporte à prática de turismo, como centros de convenções e eventos.

Figura 1.11 Os atrativos turísticos são um dos pilares do turismo.

1.3.2 Transportes turísticos

Como já abordado, não é possível praticar o turismo sem viajar. E esta análise não para por aí, já que para os turistas não basta chegar ao destino turístico, eles terão de utilizar algum meio de transporte para se locomover. É a partir desta reflexão que faremos uma análise por tipos de transporte turísticos.

Figura 1.12 O transporte rodoviário é o mais popular no Brasil, mas perde para o aéreo em viagens interestaduais.

1.3.2.1 Rodoviário

No Brasil, o transporte rodoviário é o meio mais comum em viagens cotidianas e muito relevante nas viagens turísticas domésticas, sejam as feitas em automóveis, sejam as feitas em ônibus. Mas temos de considerar que em muitas regiões do Brasil as rodovias existentes estão em condições precárias de viagem e inclusive o transporte público da maioria das cidades brasileiras costuma ser ineficiente.

Viagens de ônibus, ainda que possam percorrer grandes distâncias, como a que liga São Paulo a Lima, no Peru, e que dura 96 horas aproximadamente, não possuem grande apelo comercial, pois o tempo de viagem é muito longo, e os custos não costumam ser tão compensadores em relação ao transporte aéreo.

Internacionalmente, o transporte rodoviário não foge muito das características apresentadas no Brasil, sendo que em países desenvolvidos costumam sofrer forte concorrência com o transporte ferroviário. Nestes países, quando se coloca em pauta o transporte urbano, os deslocamentos de ônibus costumam ser os mais baratos, porém nem sempre são os mais rápidos.

> O Brasil já possuiu no passado uma das maiores malhas ferroviárias do mundo, mas, a partir dos anos 1950, passou a privilegiar o transporte rodoviário, o que levou ao abandono de diversas linhas férreas pelo país. Na maior parte dos trechos de turismo ferroviário no Brasil, o que se tem é o reaproveitamento de antigas linhas e trens utilizados para o transporte de carga ou passageiros.

1.3.2.2 Transporte ferroviário

O cenário do transporte ferroviário de passageiros no Brasil está restrito aos grandes centros urbanos, que lançam mão dos sistemas de metrô e trens urbanos como transporte de massa.

Em termos de viagens de maior distância, existem duas exceções no país, que são os trechos ferroviários que ligam as cidades de Belo Horizonte (MG) a Vitória (ES) e Parauapebas (PA) a São Luís (MA). Ambos os trechos são operados por uma empresa mineradora, proprietária dos ramais ferroviários aqui citados.

No que diz respeito ao turismo, o cenário brasileiro é outro. Existem diversos trechos atendidos pelo **turismo ferroviário**, sendo alguns deles muito bem estruturados para o turista, compondo até mesmo os atrativos do destino turístico. São os casos do Trem do Vinho, nas Serras Gaúchas, o Serra Verde Express, que liga Curitiba a Morretes em uma viagem pela Serra da Graciosa, o Expresso Turístico da CPTM, que liga São Paulo a Jundiaí, Mogi das Cruzes e a vila histórica de Paranapiacaba também é um exemplo.

No exterior, o uso de trens em viagens costuma ser mais disseminado, mesmo entre os nossos vizinhos sul-americanos, como Argentina e Peru. Países desenvolvidos, como os da Europa Ocidental e os Estados Unidos, possuem uma ampla rede ferroviária, que costuma oferecer preços atrativos para viagens, mesmo em trechos de longa duração.

Figura 1.13 O transporte ferroviário para deslocamento interno é pouco utilizado no Brasil, embora o país conte com diversos roteiros turísticos realizados com trens.

Figura 1.14 O transporte aéreo é fundamental em um país como o Brasil, que possui grandes proporções territoriais.

1.3.2.3 Transporte aéreo

O Brasil apresenta uma malha aérea que sofre com a pouca concorrência interna. O mercado brasileiro de aviação é dominado pela atuação de quatro grandes empresas, que detêm 99% da demanda dos passageiros (ANAC, 2018). Esta alta concentração diminui a concorrência e, consequentemente, aumenta o custo das viagens domésticas.

Ainda assim, o transporte aéreo no Brasil cresceu muito desde 2010, ultrapassando a quantidade de passageiros transportados em viagens interestaduais por meio rodoviário. Segundo o anuário estatístico do Ministério dos Transportes (BRASIL, 2017), as viagens rodoviárias caíram de 59 milhões para 42 milhões de passageiros, enquanto o setor aéreo aumentou de 66 milhões para 83 milhões de passageiros.

Em relação à infraestrutura, o governo federal fez grandes investimentos na ampliação de aeroportos nas grandes capitais brasileiras, em parte motivados pela realização da Copa do Mundo de Futebol em 2014, mas os aeroportos de cidades médias de todo o Brasil ainda sofrem com estruturas acanhadas e poucos voos disponíveis.

1.3.2.4 Transporte aquaviário

Este tipo de transporte pode ser dividido em três categorias: a primeira seria dos barcos, que servem como transporte público à população de algumas localidades como transporte público. Temos como exemplo a travessia da Baía de Guanabara, entre os municípios de Niterói (RJ) e Rio de Janeiro. Este serviço costuma sofrer dos mesmos males de todos os transportes públicos brasileiros: lotação, falta de conforto e de manutenção. Nesta primeira categoria, pode ser incluído ainda o transporte de passageiros na região Norte do Brasil, onde viajar entre municípios de barco é algo corriqueiro, em especial pela falta de infraestrutura ferroviária ou rodoviária, em alguns casos, sendo estas mesmas inviáveis.

A segunda categoria de transporte aquaviário trata dos passeios turísticos e de pesca, amplamente disponíveis em cidades litorâneas ou em polos com grandes rios, como na região do Pantanal. Neste tipo de serviço, os barcos costumam variar de tamanho, partindo de pequenas embarcações para até 8 pessoas e chegando às escunas, que comportam 150 pessoas aproximadamente. Os roteiros turísticos costumam durar algumas horas e podem conter até serviço de alimentação agregado; já os passeios ligados à pesca podem durar vários dias.

Os navios destinados a cruzeiros encontram-se na terceira categoria por serem um mercado à parte e de extrema importância. A temporada de cruzeiros no Brasil vai de novembro a março, aproveitando o verão; após esse período, os navios seguem para a Europa e fazem a temporada de verão no Mediterrâneo.

Figura 1.15 O Brasil é um dos principais mercados internacionais de cruzeiros.

A Lei nº 11.771, de 17 de setembro de 2008, conhecida como **Lei Geral do Turismo**, é um marco regulatório do setor turístico no Brasil. O texto desta lei, além de definir como o turismo deve ser gerido, em termos públicos no país, reúne diversas legislações que estavam dispersas em outros códigos legais, facilitando a regulamentação da atividade.

O Ministério do Turismo (BRASIL, 2017) estima que a temporada de cruzeiros de 2017/2018 movimentou aproximadamente R$ 2 bilhões, gerando cerca de 24 mil empregos diretos e transportando 439,7 mil turistas em 124 diferentes rotas. Este mercado sofreu bastante com a crise econômica brasileira do início da década de 2010, mas tem se recuperado e apresenta grandes perspectivas de crescimento.

1.3.3 Meios de hospedagem

O artigo 23 da **Lei Geral do Turismo** (BRASIL, 2008) define o que é um meio de hospedagem.

> Art. 23. Consideram-se meios de hospedagem os empreendimentos ou estabelecimentos, independentemente de sua forma de constituição, destinados a prestar serviços de alojamento temporário, ofertados em unidades de frequência individual e de uso exclusivo do hóspede, bem como outros serviços necessários aos usuários, denominados de serviços de hospedagem, mediante adoção de instrumento contratual, tácito ou expresso, e cobrança de diária.

Para regular o setor de meios de hospedagem, o Ministério do Turismo desenvolveu um sistema de classificação. Nele, é possível obter informações sobre como funciona essa classificação. É importante observar, no entanto, que ele não é obrigatório para os meios de hospedagem. Para mais informações, acesse: <http://classificacao.turismo.gov.br/MTUR-classificacao/mtur-site/>. Acesso em: 01 fev. 2019.

No entanto, existem diversos tipos de estabelecimentos, gerando uma questão importante sobre o assunto: como saber as características de cada um? Para estabelecer esta definição, utiliza-se o **Sistema Brasileiro de Classificação Hoteleira do Ministério do Turismo**. Esse sistema serve justamente para indicar quantas estrelas um meio de hospedagem merece de acordo com suas características. Veja a tipologia definida pelo MTur:

- **Hotel:** estabelecimento com serviços de recepção, alojamento temporário, com ou sem alimentação, ofertados em unidades individuais e de uso exclusivo do hóspede, mediante cobrança de diária.
- ***Resort*:** hotel com infraestrutura de lazer e entretenimento que disponha de serviços de estética, atividades físicas, recreação e convívio com a natureza no próprio empreendimento.

- **Hotel fazenda:** localizado em ambiente rural, dotado de exploração agropecuária, que ofereça entretenimento e vivência no campo.

- **Cama e café:** hospedagem em residência com no máximo três unidades habitacionais para uso turístico, com serviços de café da manhã e limpeza, na qual o possuidor do estabelecimento resida.

- **Hotel histórico:** instalado em edificação preservada em sua forma original ou restaurada ou ainda que tenha sido palco de fatos histórico-culturais de importância reconhecida. Entende-se como fatos histórico-culturais aqueles tidos como relevantes para a memória popular, independentemente de quando ocorreram, podendo o reconhecimento ser formal, por parte do Estado brasileiro, ou informal, com base no conhecimento popular ou em estudos acadêmicos.

- **Pousada:** empreendimento de característica horizontal, composto de no máximo 30 unidades habitacionais e 90 leitos, com serviços de recepção, alimentação e alojamento temporário, podendo ser em um prédio único com até três pavimentos ou contar com chalés ou bangalôs.

- ***Flat/apart*-hotel:** constituído por unidades habitacionais que disponham de dormitório, banheiro, sala e cozinha equipados, em edifício com administração e comercialização integradas, que possua serviços de recepção, limpeza e arrumação.

Figura 1.16 Hotel fazenda, hotel, *resort* e *apart*-hotel são algumas das modalidades mais comuns de hospedagem.

A Lei Geral do Turismo apresenta ainda um meio de hospedagem considerado como alternativo, que são os acampamentos turísticos, também conhecidos como *campings*.

- ***Campings***: áreas especialmente preparadas para a montagem de barracas e o estacionamento de reboques habitáveis ou equipamento similar, dispondo, ainda, de instalações, equipamentos e serviços específicos para facilitar a permanência dos usuários ao ar livre.

Figura 1.17 *Camping* é uma das formas alternativas de hospedagem.

Ainda na linha dos meios de hospedagem alternativos, não se podem desconsiderar as plataformas digitais, como sites e aplicativos, que permitem que as pessoas disponibilizem suas casas ou parte delas para locação a terceiros. Este é um mercado que tem crescido muito e sofrido grandes críticas dos proprietários dos meios de hospedagem tradicionais, que exigem a regulamentação do serviço e a cobrança de impostos.

Por último, existe um meio de hospedagem amplamente utilizado por brasileiros e que não pode ser tratado como alternativo, que são as casas de amigos e parentes. Bem comum em viagens domésticas, justamente por não ter custos, ou que representem gastos muito baixos, por vezes se tornam o fator principal de decisão do destino da viagem.

Segundo o último estudo de demanda do turista brasileiro que traça o perfil dos viajantes domésticos, elaborado pelo Ministério do Turismo, "[...] 54% dos viajantes com até 35 anos usará esse meio de hospedagem na próxima viagem. Entre os que ganham até R$ 2,1 mil, esse valor sobe para 94,6% dos viajantes" (BRASIL, 2012).

1.3.4 Agências de turismo

A Lei Geral do Turismo (BRASIL, 2008) define agência de turismo como "pessoa jurídica que exerce a atividade econômica de intermediação remunerada entre fornecedores e consumidores de serviços turísticos ou os fornece diretamente". As agências de turismo têm a função de contratar serviços de turismo e os oferecer para os turistas de modo personalizado ou por meio de um pacote.

Mercadologicamente, estabelecem-se algumas diferenças entre esses tipos de empresas no setor, sendo as operadoras de turismo as empresas que contratam serviços em massa, reservando muitos quartos de um hotel ou até o hotel todo, fazendo o mesmo com os meios de transporte, conseguindo assim preços mais competitivos para oferecer ao turista. Os pacotes podem ainda ser agregados com mais serviços, como visitas a atrativos, alimentação e acompanhamento de guias.

As operadoras costumam realizar a venda direta ao cliente de seus pacotes, mas como assumem riscos ao fazer reservas em grandes quantidades e, no caso de não as vender, ter de arcar com os custos, repassam os pacotes para serem vendidos pelas agências de viagens, que são comissionadas pelas vendas. Muitas agências de viagem, inclusive, vivem somente da revenda de pacotes de operadoras.

Outro tipo de empresa existente neste mercado são as agências de receptivo turístico, que possuem atuação restrita no destino turístico onde se localizam. Essas agências elaboram roteiros que incluem atrativos e serviços locais, como passeios e restaurantes, e os vendem diretamente ao turista ou trabalham em parceria com as operadoras.

Figura 1.18 As agências de viagens são intermediárias entre os turistas e os fornecedores de serviços.

Muitas agências de receptivos também atuam com serviços que não envolvem obrigatoriamente a visita a atrativos, como *transfers* e traslados entre aeroportos, meios de hospedagem e centros de eventos.

1.3.5 Serviços de alimentação

Os serviços de alimentação, compostos por restaurantes, bares, quiosques, barracas de comidas e *food trucks,* não existem obrigatoriamente em função do turismo, ainda que esta possa ser uma oportunidade de negócios, afinal, localidades com grandes fluxos turísticos tendem a estimular o empreendedorismo.

É fato notório, no entanto, que a gastronomia agrega valor ao turismo em um destino, sendo até mesmo utilizada como elemento de marketing. Um exemplo são as localidades de montanha, como Campos do Jordão (SP), onde os chocolates artesanais e os restaurantes especializados em *fondue* são atrações constantemente relacionadas às atividades que compõem sua oferta diferencial.

O Brasil entrou recentemente na lista de países que são avaliados por grandes publicações internacionais sobre gastronomia, tendo vários restaurantes recebido reconhecimento por sua qualidade e excelência. O turismo gastronômico ainda busca seu lugar no Brasil como um segmento destacado, mas com certeza já faz parte de diversos roteiros e, por este motivo, os serviços de alimentação devem ser considerados como parte importante do turismo.

Figura 1.19 Os serviços de alimentação são constantemente associados ao turismo.

1.3.6 Segmentação turística

A definição de atrativos turísticos precisa ser complementada com o conceito de segmentação turística, que são divisões mercadológicas que buscam um melhor aproveitamento do potencial turístico de uma região. O Ministério do Turismo elenca os seguintes **segmentos turísticos** como os principais a serem explorados no Brasil.

No portal do Ministério do Turismo é possível encontrar os diversos segmentos turísticos brasileiros. Disponível em: <http://www.turismobrasil.gov.br/>. Acesso em: 28 jan. 2019.

- **Turismo social**: é a forma de conduzir e praticar a atividade turística promovendo a igualdade de oportunidades, a equidade, a solidariedade e o exercício da cidadania na perspectiva da inclusão.

- **Ecoturismo:** é um segmento da atividade turística que utiliza, de forma sustentável, o patrimônio natural e cultural, incentiva sua conservação e busca a formação de uma consciência ambientalista através da interpretação do ambiente, promovendo o bem-estar das populações.
- **Turismo cultural:** compreende as atividades turísticas relacionadas à vivência do conjunto de elementos significativos do patrimônio histórico e cultural e dos eventos culturais, valorizando e promovendo os bens materiais e imateriais da cultura.
- **Turismo de estudos e intercâmbio:** constitui-se da movimentação turística gerada por atividades e programas de aprendizagem e vivências para fins de qualificação, ampliação de conhecimento e de desenvolvimento pessoal e profissional.
- **Turismo de esportes:** compreende as atividades turísticas decorrentes da prática, do envolvimento ou da observação de modalidades esportivas.
- **Turismo de pesca:** compreende as atividades turísticas decorrentes da prática da pesca amadora.
- **Turismo náutico:** caracteriza-se pela utilização de embarcações náuticas como finalidade da movimentação turística.
- **Turismo de aventura:** compreende os movimentos turísticos decorrentes da prática de atividades de aventura de caráter recreativo e não competitivo.
- **Turismo de sol e praia:** constitui-se das atividades turísticas relacionadas à recreação, entretenimento ou descanso em praias, em função da presença conjunta de água, sol e calor.
- **Turismo de negócios e eventos:** compreende o conjunto de atividades turísticas decorrentes dos encontros de interesse profissional, associativo, institucional, de caráter comercial, promocional, técnico, científico e social.
- **Turismo rural:** é o conjunto de atividades turísticas desenvolvidas no meio rural, comprometido com a produção agropecuária, agregando valor a produtos e serviços, resgatando e promovendo o patrimônio cultural e natural da comunidade.

- **Turismo de saúde:** constitui-se das atividades turísticas decorrentes da utilização de meios e serviços para fins médicos, terapêuticos e estéticos.

Figura 1.20 O turismo é composto por diversos segmentos que auxiliam na especialização de serviços e planejamento.

Considerações finais

O turismo apresenta diversos elementos técnicos que devem ser considerados em seu estudo acadêmico e profissional. Para os que pretendem trabalhar nesta área, a ideia simplista de que turismo é apenas viajar deve ficar de lado.

Os profissionais de turismo devem se aprofundar em terminologias que possam explicar a organização desta atividade e assim planejar melhor seu trabalho, compreendendo a importância de cooperação entre os diversos setores que aqui estão inseridos.

PARA REFLETIR

1. Faça uma lista associando atrativos turísticos de sua cidade a segmentos turísticos que já são desenvolvidos e os que têm potencial de se desenvolver.
2. Elabore um roteiro turístico partindo de sua cidade que envolva, ao menos, dois tipos de modais de transporte.

CAPÍTULO 2

Turismo Cultural e as Dimensões do Patrimônio

Objetivos da aprendizagem

Este capítulo visa a discutir os conceitos de turismo cultural, um segmento turístico que tem como objetivo a vivência cultural, seja ela relacionada ao patrimônio material, imaterial ou paisagístico. Também neste capítulo, discutiremos as categorias de patrimônio e sua relação com turismo, por meio de um apanhado histórico da relação entre turismo e patrimônio desde o *grand tour*, as famosas viagens de cultura e civilização dos filhos da aristocracia europeia até as múltiplas manifestações culturais brasileiras exploradas pela atividade turística.

Para um bom profissional de turismo, seja ele guia, agente de viagens, recepcionista de hotel, entre outros profissionais, é fundamental conhecer as potencialidades turísticas da região onde atua, bem como conhecer minimamente os espaços detentores de relevância histórico-cultural, para que assim possa atuar com maior bagagem de informações.

A atividade turística, mais do que um deslocamento espacial, é a possibilidade de trocar, de conhecer novas culturas, uma nova gastronomia, outras maneiras de viver e compreender o mundo. Podemos afirmar que é a possibilidade, e não a garantia, de se chegar ao destino e comer em um restaurante local, e não simplesmente buscar uma rede de *fast food*, com sabores comuns, que poderiam ser apreciados em qualquer parte do mundo. Para que novas experiências aconteçam, é importante que o viajante esteja aberto a elas.

Viajar é se permitir observar o mundo com outros olhos, desacelerar os passos, sair da rotina, por isso é tão importante estabelecer contato com a população local, contato que deve ir além das previsíveis relações comerciais. Experimente comer em um restaurante comum aos moradores, fazer compras em um supermercado (nem que seja água e *snacks* para deixar na bolsa), passar uma tarde em uma praça fora do circuito turístico e buscar interagir com os nativos.

2.1 TURISMO

Turismo é um fenômeno que está em constante desenvolvimento. Porém, conceituá-lo é algo complicado, principalmente devido à grande diversidade de profissionais, empresas e serviços que formam esse *trade*.

Ao defini-lo de forma estática, teríamos uma perspectiva limitada da realidade e de sua verdadeira abrangência, pois são vários os teóricos e as entidades que apresentam definições de turismo. Porém, para facilitar, utilizaremos o conceito de turismo da Organização Mundial do Turismo (OMT) para formalizar os aspectos deste fenômeno:

> O turismo compreende as atividades que realizam as pessoas durante suas viagens e estadas em lugares diferentes do seu entorno habitual, por um período consecutivo inferior a um ano, com finalidade de lazer, negócios ou outras. (OMT, 1994)

Essa definição utiliza três critérios para caracterizar uma viagem como turismo: deslocamento do entorno habitual, ou seja, não podem ser consideradas turismo as atividades que você faz na sua cidade; propósito da visita, como lazer, estudos, compras, cultura, entre outras motivações; e duração máxima de um ano, já que para ser considerado turismo o deslocamento deve ser superior a 24 horas, ou seja, pernoitar, e inferior a um ano, para não configurar excursão ou residência, respectivamente (PANOSSO NETO, 2010, p. 31). Para compreender a atividade, é importante segmentá-la de acordo com a motivação da viagem, seja religiosa, de saúde, negócios, aventura, estudos e intercâmbio, esportes, sol e praia, hedonista, social, cultural, entre outras.

Neste capítulo, nosso objetivo é discutir o segmento cultural, que tem como objetivo a vivência do patrimônio, seja material, imaterial ou paisagístico. Portanto, merece uma atenção especial para que essa noção de vivência não seja entendida de maneira equivocada.

Por exemplo, um grupo de brasileiros que decide conhecer a Europa inteira em duas semanas, às pressas, utilizando como transporte um ônibus, no qual os passageiros e os guias falam apenas o português, e as paisagens são vistas através de vidros, que funcionam quase como escudos contra os cheiros, os gostos e as cores das ruas, faz algum tipo de turismo cultural? Será que esse grupo realmente vivenciou a cidade? Desfrutou dos patrimônios? Experimentou as dinâmicas sociais dos destinos? Será que podemos, de fato, considerar turismo cultural? Alguns acreditam que sim.

Figura 2.1 Grupo de turistas em ônibus.

Para Barreto (1995, p. 21), o turismo cultural seria aquele que não tem como atrativo principal um recurso natural e, sim, uma oferta cultural, ou seja, conhecer os bens materiais e imateriais produzidos pelo homem.

Já Dias (2006, p. 39), de modo mais aprofundado, define o turismo cultural como:

> [...] uma segmentação do mercado turístico que incorpora uma variedade de formas culturais, em que se incluem museus, galerias, eventos culturais, festivais, festas, arquitetura, sítios históricos, apresentações artísticas e outras, que identificadas com uma cultura em particular, fazem parte de um conjunto que identifica uma comunidade e que atraem os visitantes interessados em conhecer características singulares de outros povos.

Costa (2009, p. 190), por sua vez, afirma que o turismo cultural atualmente não implica apenas a oferta de espetáculos ou eventos, mas a vivência do patrimônio cultural representado por museus, sítios arqueológicos, monumentos históricos, apresentações folclóricas, gastronomia regional, festas religiosas e outros bens que disseminem o saber. Sua finalidade é que os visitantes e residentes interajam, e que as pessoas apreendam o significado de seu passado, por meio das visitas aos bens culturais.

Para saber mais!

De acordo com o Ministério do Turismo (BRASIL, 2010), existem formas de expressão da cultura que são classificadas em áreas de interesse específico e que geram demandas de viagem com motivação própria, mas se configuram dentro da dimensão e da caracterização do turismo cultural, é o caso da religião, do misticismo e do esoterismo, dos grupos étnicos, da gastronomia, da arqueologia, das paisagens cinematográficas, das atividades rurais, entre outras.

2.2 PATRIMÔNIO

A palavra **patrimônio** pode assumir sentidos diversos. Originalmente, esteve relacionada à herança familiar, mais diretamente aos bens materiais. No século XVIII, quando, na França, o poder público começou a tomar as primeiras medidas de proteção aos monumentos de valor para a história das nações, o uso da palavra patrimônio estendeu-se aos bens protegidos por lei e pela ação de órgãos especialmente constituídos, nomeando o conjunto de bens culturais de uma nação (RODRIGUES, 2011, p. 16).

De acordo com Panosso Netto e Lohmann (2008, p. 431), a origem da palavra "patrimônio" vem do latim, *patrimonium*, que significava o pecúlio, a herança, os bens familiares. O vocábulo estava ligado ao bem material. Na atualidade, patrimônio tem vários significados e depende da abordagem que é feita.

Choay (2001, p. 11 *apud* PANOSSO NETTO; LOHMANN, 2008, p. 431) explicou que a palavra "patrimônio", em sua origem, "está ligada às estruturas familiares, econômicas e jurídicas de uma sociedade estável, enraizada no espaço e no tempo". Praticamente todas as definições de patrimônio têm como fundamento a definição oferecida pela Unesco:

> O patrimônio é o legado que recebemos do passado, vivemos no presente e transmitimos às futuras gerações. Nosso patrimônio cultural e natural é fonte insubstituível de vida e inspiração, nossa pedra de toque, nosso ponto de referência, nossa identidade. (UNESCO, s/d)

Já para Fonseca (1997):

> Patrimônio é tudo o que criamos, valorizamos e queremos preservar: são os monumentos e obras de arte, e também as festas, músicas e danças, os folguedos e as comidas, os saberes, fazeres e falares. Tudo enfim que produzimos com as mãos, as idéias e a fantasia.

E, para melhor entendimento, podemos classificá-lo nas seguintes dimensões:

- **Patrimônio material:** legado humano representado por meio de coleções arqueológicas, museológicas, arquitetônicas, documentais etc.
- **Patrimônio imaterial:** são práticas, representações, expressões, conhecimentos e técnicas.
- **Paisagem cultural:** porção peculiar territorial com expressivas marcas da interação do homem com o meio natural.

Figura 2.2 Dimensões do patrimônio.

Fonte: elaborado pelos autores.

2.3 TURISMO E PATRIMÔNIO

Refletir a interface entre patrimônio e turismo é imprescindível, já que a atividade turística tem nos seus primórdios o *grand tour*, viagens feitas pelos filhos de famílias burguesas inglesas para completarem a educação, enriquecendo o espírito pelo saber, aprendendo novas línguas e costumes de outros povos, comprando obras de arte, visitando monumentos arquitetônicos da Antiguidade, polindo suas maneiras e se tornando ***gentlemen*** completos, ou seja, eram viagens de cunho cultural (COSTA, 2009, p. 26).

A palavra inglesa *gentleman* significa cavalheiro. É um termo que designa o homem de boa educação, gentil, culto.

> Não importam quais sejam os direitos de propriedade, a destruição de um prédio histórico e monumental não deve ser permitida a esses ignóbeis especuladores, cujo interesse os cega para a honra. [...] Há duas coisas num edifício: seu uso e sua beleza. Seu uso pertence ao proprietário, sua beleza a todo mundo; destruí-lo é, portanto, extrapolar o que é direito. (VICTOR HUGO, 1832 *apud* FONSECA, 1997, p. 3)

De acordo com Costa (2009, p. 26), o *grand tour* é considerado por muitos como uma invenção inglesa, já que a Inglaterra era o país mais rico e poderoso do mundo, com uma elite endinheirada, mas isolada geograficamente do restante da Europa e dos monumentos históricos. E, para se tornarem membros da sociedade educada, os ingleses acreditavam que era necessário ver, *in loco*, tanto as ruínas da Roma clássica como as igrejas, os palácios e as coleções de arte das grandes capitais europeias.

No século XVIII, os *grand tours* seguiam um modelo padrão, o principal guia turístico – *The Grand Tour*, de Thomas Nugent, publicado em 1749 – indicava visitas à Itália (Gênova, Nápoles, Florença, Roma e Veneza), à Alemanha, aos Países Baixos e às longas estadas na França (especialmente em Paris). Esse era o roteiro mais popular, pois muitos acreditavam que somente esses locais eram merecedores de visitação, já que no restante do mundo reinava o barbarismo (COSTA, 2009, p. 24).

Costa (2009) afirma que quando o roteiro europeu se tornou familiar e pessoas de classes menos endinheiradas passaram a cumpri-lo, os *grand tourists* voltaram suas atenções para locais mais distantes, como o norte do continente americano, as Índias Orientais, o extremo oriente, o Egito e as cidades portuárias do norte da África. Já os **grand tourists** mais "exóticos" visitavam o Japão, a Cidade do Cabo (África do Sul) e o Rio de Janeiro (Brasil).

Grand tourists eram os turistas endinheirados dos séculos XVIII e XIX, os praticantes do *grand tour*.

Para saber mais!

PERFIL PSICOLÓGICO DOS TURISTAS

Plog (1990 *apud* PANOSSO NETTO, 2008) realizou seus estudos entre os anos 1970 e 1980, observando locais de visitação turística em cidades da Europa, mas também em países tido como exóticos, como Índia e China, e classificou os turistas em três tipologias de acordo com sua personalidade:

- **Turista psicocêntrico:** prefere viajar para lugares já conhecidos por ele e/ou que já foram visitados anteriormente por muitas pessoas. Os destinos são constantes e previsíveis, além de oferecer toda infraestrutura turística.
- **Turista alocêntrico:** prefere viajar para destinos novos e/ou pouco explorados. São aventureiros, curiosos e gostam de conhecer pessoas com culturas diferentes da sua. Gostam de flexibilidade na viagem e seus destinos normalmente possuem a infraestrutura básica necessária.
- **Turista mesocêntrico:** é o turista clássico. São intermediários, oscilam entre alocêntricos e psicocêntricos de acordo com as suas necessidades, motivações, gostos pessoais e estilos de vida. Seus destinos possuem uma média infraestrutura turística.

Porém, é importante ressaltar que a atividade turística se popularizou no decorrer dos anos, como grande parte das atividades realizadas pela burguesia. E uma importante diferença que ocorreu nas viagens de cunho cultural é o fato de que, quando os jovens da aristocracia dos séculos XVII e

XVIII viajavam, eles buscavam o conhecimento por meio dos monumentos da Antiguidade clássica; já hoje se percebe que as viagens de cunho cultural se diversificaram e perderam a obrigatoriedade elitista, contemplando o significado polissêmico de cultura e, assim, abrange monumentos, edifícios históricos, mas também as manifestações folclóricas, as diferentes linguagens artísticas e a gastronomia local.

Figura 2.3 O Caboclo de Lança, personagem central do Maracatu de Baque Solto (ou maracatu rural), é considerado patrimônio imaterial inscrito no Livro de Registro das Formas de Expressão do Iphan.

Se fôssemos classificar o *grand tour* em um segmento turístico, certamente seria o cultural, pois segundo o Ministério do Turismo (BRASIL, 2010), o turismo cultural:

> Compreende as atividades turísticas relacionadas à vivência do conjunto de elementos significativos do patrimônio histórico e cultural e dos eventos culturais, valorizando e promovendo os bens materiais e imateriais da cultura. (BRASIL, 2010)

E quando falamos de cultura, suas produções artísticas e intelectuais podem ser chamadas de patrimônio cultural. Em sentido estrito, entendia-se como patrimônio cultural as obras de arte, a pintura, a escultura e a arquitetura, mas existem outras artes, aquelas que transcorrem no tempo, como a dança, a literatura e a música (BARRETTO, 2000, p. 9).

Para saber mais!

De acordo com Santos (2006), por cultura se entende muita coisa, sendo um tema equívoco e cheio de armadilhas. Cultura é uma palavra de origem latina e em seu significado original está ligada às atividades agrícolas. Vem do latim *colere*, que significa cultivar, habitar, proteger, honrar com veneração.

O conceito de cultura pode ser interpretado ao menos de duas maneiras: a primeira remete a todos os aspectos de uma realidade social, já que cultura é tudo aquilo que caracteriza uma população humana; e a segunda refere-se mais especificamente ao conhecimento, às ideias e às crenças de um povo.

É importante compreender que não há superioridade ou inferioridade de culturas; elas se relacionam com as sociedades de modo desigual.

O importante é perceber que cada cultura tem a sua lógica interna, a qual devemos procurar conhecer para que suas práticas, costumes, concepções e transformações façam sentido para aqueles que por eles passam.

Podemos classificar o patrimônio cultural em três grandes divisões: o imaterial, por meio de manifestações e crenças populares; o material, por meio das representações monumentais; e a paisagem cultural, por meio das marcas provocadas no território pela relação homem e espaço.

Um exemplo bastante familiar da relação entre turismo e patrimônio é a existência dos espaços culturais, como museus, pinacotecas, centros culturais ou outros espaços culturais, que além de serem um espaço cultural, exercem a função de equipamento de lazer (oferta turística), elemento fundamental para o turismo.

Para Panosso Netto e Lohmann (2008, p. 435), o patrimônio cultural adquire valor para o turismo, pois, por meio dele, é possível a difusão do saber, e a humanidade ao longo da história sempre buscou conhecimento. Assim, os patrimônios culturais se tornaram atrativos turísticos, que motivam turistas a sair de suas residências e a viajar para poderem conhecer de perto tal monumento, museu, festa, cultura, sítio arqueológico, conjunto arquitetônico, entre outros patrimônios.

2.4 PATRIMÔNIO E POLÍTICAS DE PRESERVAÇÃO NO BRASIL

No Brasil, as políticas de preservação desde o início são conduzidas por historiadores, artistas, arquitetos e escritores, intelectuais, em especial os modernistas, que se propuseram a atuar no Estado em nome do interesse público, na defesa da cultura, identificada a princípio aos valores das camadas cultas, e assim participaram do Serviço do Patrimônio Histórico e Artístico Nacional (SPHAN), criado em 1937, pela Lei nº 378, sendo o primeiro órgão federal dedicado à preservação, no governo Getúlio Vargas, após a elaboração de um projeto de salvaguarda desses bens criado por Mário de Andrade a pedido de Gustavo Capanema, o então Ministro da Educação e Saúde, que demonstrava preocupação com a preservação do patrimônio cultural brasileiro (FONSECA, 1997, p. 13).

Porém, é importante observar que as primeiras respostas do poder público a essas demandas do meio intelectual partiram inicialmente dos governos de Minas Gerais (1926), Bahia (1927) e Pernambuco (1928), estados com significativos acervos de monumentos históricos e artísticos.

De qualquer modo, se hoje vivemos no Brasil um revigoramento do patrimônio cultural, principalmente depois que o Decreto nº 3.551, de 4 de agosto de 2000, instituiu o Registro e o Inventário do Patrimônio Cultural de natureza imaterial ou intangível, é porque a semente de uma noção de patrimônio ampla e plural que procurava abarcar todas as manifestações do povo brasileiro foi plantada e gestada por Mário de Andrade, sobretudo na experiência do Departamento de Cultura de São Paulo (1935-1938).

Muito diferente da ideia de patrimônio que vigorou até recentemente, representada quase exclusivamente pela "sacralização da memória em pedra e cal" (NOGUEIRA, 1995). Pautada no valor de excepcionalidade, privilegiou um repertório de bens cujas expressões culturais hegemônicas conformavam uma tradição europeia – luso-brasileira –, geralmente identificada com o poder constituído. Seguindo essa orientação, também a prática preservacionista ficou basicamente reduzida ao tombamento, sendo a restauração e a conservação seus correlatos.

Para Mário de Andrade (*apud* NOGUEIRA, 2007), a etnografia brasileira ia mal. Era necessário que ela tomasse imediatamente uma orientação prática baseada em normas severamente científicas. Andrade afirmava:

> Nós não precisamos de teóricos, os teóricos virão a seu tempo. Nós precisamos de moços pesquisadores, que vão à casa do povo recolher com seriedade e de maneira completa o que esse povo guarda e rapidamente esquece, desnorteado pelo progresso invasor. (ANDRADE *apud* NOGUEIRA, 2007)

Segundo Fonseca (1997, p. 17), no caso da política federal de preservação, uma significativa parcela dos bens tombados, desde os monumentos isolados a conjuntos de extensão, como o Centro Histórico de Salvador com aproximadamente 300 imóveis, funcionam mais como símbolos distantes e abstratos do Brasil do que marcos efetivos de uma identidade nacional que a maioria da população se identifique, e que integrem a imagem externa do Brasil. Inclusive, afirma que a identidade brasileira tem sido representada basicamente pelo samba, pelo futebol, pelo carnaval e, mais recentemente, pelas telenovelas e pela Fórmula 1. No exterior, o Brasil continua sendo valorizado, sobretudo por seus recursos naturais, pela sua beleza tropical, mesmo já possuindo alguns bens tombados como Patrimônio Cultural da Humanidade pela Unesco.

APROFUNDE SEUS CONHECIMENTOS

Foram reconhecidos pela Unesco (2017) como Patrimônio Cultural da Humanidade os seguintes bens no Brasil:

1980	Cidade Histórica de Ouro Preto (MG)
1982	Centro Histórico de Olinda (PE)
1983	Missões Jesuíticas Guarani, em Ruínas de São Miguel das Missões (RS)
1985	Centro Histórico de Salvador (BA)
1985	Santuário do Senhor Bom Jesus de Matosinhos, em Congonhas do Campo (MG)
1987	Plano-piloto de Brasília (DF)
1991	Parque Nacional Serra da Capivara, em São Raimundo Nonato (PI)
1997	Centro Histórico de São Luís (MA)
1999	Centro Histórico da Cidade de Diamantina (MG)
2001	Centro Histórico da Cidade de Goiás (GO)
2010	Praça de São Francisco, em São Cristóvão (SE)
2012	Rio de Janeiro – paisagens cariocas entre a montanha e o mar
2016	Conjunto Moderno da Pampulha (MG)
2017	Sítio Arqueológico Cais do Valongo (RJ)

2.4.1 Instrumentos de proteção e salvaguarda

Com o alargamento do conceito de patrimônio que tivemos nos últimos anos, desde o Decreto-Lei nº 25/1937, passando pelo artigo 216 da Constituição Federal de 1988, seguido pelo Decreto nº 3.551/2000 e pela Portaria nº 127/2009, houve a necessidade de criar um instrumento de proteção e salvaguarda para cada categoria de patrimônio, respeitando suas particularidades e dinâmicas.

2.4.1.1 Tombamento

De acordo com o Iphan (s/d):

> O tombamento é o instrumento de reconhecimento e proteção do patrimônio cultural mais conhecido, e pode ser feito pela administração federal, estadual e municipal. Em âmbito federal, o tombamento foi instituído pelo Decreto-Lei nº 25, de 30 de novembro de 1937, o primeiro instrumento legal de proteção do Patrimônio Cultural Brasileiro e o primeiro das Américas, e cujos preceitos fundamentais se mantêm atuais e em uso até os nossos dias.

Ainda segundo o Iphan (s/d), a palavra **tombo** com o sentido de registro começou a ser empregada pelo Arquivo Nacional Português, fundado por D. Fernando, em 1375, e originalmente instalado em uma das torres da muralha que protegia a cidade de Lisboa, em Portugal. Com o passar dos anos, o local passou a ser chamado de Torre do Tombo. Ali eram guardados os livros de registros especiais ou livros do tombo. No Brasil, como uma deferência, o Decreto-Lei nº 25/1937 adotou tais expressões para que todo o bem material passível de acautelamento, por meio do ato administrativo do tombamento, seja inscrito no Livro do Tombo correspondente.

Para saber mais!

A íntegra do Decreto-Lei nº 25/1937 está disponível para consulta em: <http://www.planalto.gov.br/ccivil_03/decreto-lei/Del0025.htm>. Acesso em: 14 jan. 2019.

Figura 2.4 Os profetas de Aleijadinho, no Santuário do Senhor Bom Jesus de Matosinhos, em Congonhas do Campo (MG), são patrimônio material inscrito no Livro do Tombo de Belas Artes do Iphan.

O processo de tombamento pode ser aplicado apenas aos bens materiais, seja de interesse cultural ou ambiental, como: objetos artísticos, fotografias, livros, mobiliários, edifícios, ruas, praças, cidades, regiões, florestas, cascatas etc.

Preservar significa proteger, resguardar, evitar que alguma coisa seja atingida por algo que lhe possa ocasionar prejuízo. Conservar significa manter, guardar para que haja uma permanência no tempo. Considerando que guardar é distinto de resguardar, preservar o patrimônio implica mantê-lo estático, intocado, ao passo que conservar implica integrá-lo no dinamismo do procedimento cultural. Isso pode, ocasionalmente, significar a necessidade de atribuir um novo sentido ao bem considerado patrimônio (BARRETTO, 2000, p. 15).

Para conservar os patrimônios, uma alternativa para viabilizar a sua manutenção tem sido a conservação dos edifícios mediante reaproveitamento por parte de organizações do segundo setor (privado), para fins comerciais.

Para proteger o patrimônio, o bem é tombado, que é uma ação que consiste em registrar o bem em um "livro de tombo", onde ficam registrados os bens considerados valiosos e sujeitos às leis de preservação do patrimônio, como o artigo 216, do § 3º da Constituição Federal de 1988, portanto, não podem ser demolidos nem modificados em seu aspecto externo e em suas características efetivas, implicando também que, em um raio de 300 metros nada pode ser alterado.

Os livros de tombo utilizados pelo Iphan (s/d) no Brasil são:

- **Livro do Tombo Arqueológico, Etnográfico e Paisagístico:** onde são inscritos os bens culturais em função do valor arqueológico, relacionado a vestígios da ocupação humana pré-histórica ou histórica; de valor etnográfico ou de referência para determinados grupos sociais; e de valor paisagístico, englobando tanto áreas naturais quanto lugares criados pelo homem aos quais é atribuído valor à sua configuração paisagística, a exemplo de jardins, mas também cidades ou conjuntos arquitetônicos que se destaquem por sua relação com o território onde estão implantados.

- **Livro do Tombo Histórico:** neste livro são inscritos os bens culturais em função do valor histórico. É formado pelo conjunto dos bens móveis e imóveis existentes no Brasil e cuja conservação seja de interesse público por sua vinculação a fatos memoráveis da história do país. Esse livro, para melhor condução das ações do Iphan, reúne, especificamente, os bens culturais em função do seu valor histórico, que se dividem em bens imóveis (edificações, fazendas, marcos, chafarizes, pontes, centros históricos, por exemplo) e móveis (imagens, mobiliário, quadros e xilogravuras, entre outras peças).

- **Livro do Tombo das Belas-Artes:** reúne as inscrições dos bens culturais em função do valor artístico. O termo belas-artes é aplicado às artes de caráter não utilitário, opostas às artes aplicadas e às artes decorativas. Para a História da Arte, imitam a beleza natural e são consideradas diferentes daquelas que combinam beleza e utilidade. O surgimento das academias de arte, na Europa a partir do século XVI, foi decisivo na alteração do *status* do artista, personificado por Michelangelo Buonarroti (1475-1564). Nesse período, o termo belas-artes entrou na ordem do dia como sinônimo de arte acadêmica, separando arte e artesanato, artistas e mestres de ofícios.

- **Livro do Tombo das Artes Aplicadas:** onde são inscritos os bens culturais em função do valor artístico, associado à função utilitária. Essa denominação (em oposição às belas-artes) se refere à produção artística que se orienta para a criação de objetos, peças e construções utilitárias: alguns setores da arquitetura, das artes decorativas, *design*, artes gráficas e mobiliário, por exemplo. Desde o século XVI, as artes aplicadas estão presentes em bens de diferentes estilos arquitetônicos. No Brasil, as artes aplicadas se manifestam fortemente no Movimento Modernista de 1922, com pinturas, tapeçarias e objetos de vários artistas.

APROFUNDE SEUS CONHECIMENTOS

CONSTITUIÇÃO FEDERAL DE 1988

É interessante observar nesse trecho da Constituição Federal, promulgada em 1988, o conceito amplo de patrimônio cultural, contemplando desde os modos de fazer (patrimônio imaterial) aos já consolidados edifícios e obras de arte (patrimônio material).

> Título VIII – Da Ordem Social
>
> Capítulo III – Da Educação, da Cultura e do Desporto
>
> Seção II – Da Cultura
>
> § 3° Art. 216. Constituem-se patrimônio cultural brasileiro os bens de natureza material e imaterial, tomados individualmente ou em conjunto, portadores de referência à identidade, à ação, à memória dos diferentes grupos formadores da sociedade brasileira, nos quais se incluem:
>
> **I.** As formas de expressão;
>
> **II.** Os modos de criar, fazer e viver;
>
> **III.** As criações científicas, artísticas e tecnológicas;
>
> **IV.** As obras, objetos, documentos, edificações e demais espaços destinados às manifestações artístico-culturais;
>
> **V.** Os conjuntos urbanos e sítios de valor histórico, paisagístico, artístico, arqueológico, paleontológico, ecológico e científico.

Para saber mais, consulte o conteúdo disponível em: <http://www.senado.leg.br/atividade/const/con1988/CON1988_05.10.1988/art_216_.asp>. Acesso em: 14 jan. 2019.

2.4.1.2 Registro

Com o alargamento do conceito de política do patrimônio no Brasil, ao lado das igrejas, pontes e chafarizes, foram registrados os sabores e as cores do Brasil: sorvetes coloridos de Belém, sucos, culinária, modos de vida brasileiros (o gingado carioca, a beleza dos índios e dos mestiços, a fala cantada e a energia do nordestino), as danças dramáticas, as melodias de boi, a música de feitiçaria, a religiosidade popular, as crenças, superstições, poesia popular (cordel), formas de expressão, instrumentos musicais, modos de trabalhar, modos de morar, modos de festejar etc. (NOGUEIRA, 2007).

Figura 2.5 A roda de capoeira é um patrimônio imaterial inscrita no Livro de Registro das Formas de Expressão do Iphan.

A identificação das expressões culturais imateriais se dá por meio de sua relevância para a memória e a identidade da sociedade brasileira. Esses bens imateriais, que apresentam valor afetivo para a população, com intuito de impedir que venham a ser destruídos ou descaracterizados, e assim proporcionar novos sentidos e novas leituras são registrados em um dos seguintes livros do Iphan:

- **Livro de Registros dos Saberes:** criado para receber os registros de bens imateriais que reúnem conhecimentos e modos de fazer enraizados no cotidiano das comunidades. Os saberes são conhecimentos tradicionais associados a atividades desenvolvidas por atores sociais reconhecidos como grandes conhecedores de técnicas, ofícios e matérias-primas que identifiquem um grupo social ou uma localidade. Geralmente, estão associados à produção de objetos e/ou à prestação de serviços que podem ter sentidos práticos ou rituais. Trata-se da apreensão dos saberes e dos modos de fazer relacionados à cultura, à memória e à identidade de grupos sociais.

- **Livro de Registro das Celebrações:** reúne os rituais e as festas que marcam vivência coletiva, religiosidade, entretenimento e outras práticas da vida social. Celebrações são ritos e festividades que marcam a vivência coletiva de um grupo social, sendo considerados importantes para a cultura, a memória e a identidade, e acontecem em lugares ou territórios específicos, podendo estar relacionadas à religião, à civilidade, aos ciclos do calendário etc. São ocasiões diferenciadas de sociabilidade, que envolvem práticas complexas e regras próprias para a distribuição de papéis, preparação e consumo de comidas e bebidas, produção de vestuário e indumentárias, entre outras.

- **Livro de Registro das Formas de Expressão:** criado para registrar as manifestações artísticas em geral. Formas de expressão são formas de comunicação associadas a determinado grupo social ou região, desenvolvidas por atores sociais reconhecidos pela comunidade e em relação às quais o costume define normas, expectativas e padrões de qualidade. Trata-se da apreensão das performances culturais de grupos sociais, como manifestações literárias, musicais, plásticas, cênicas e lúdicas, que são por eles consideradas importantes para a sua cultura, memória e identidade.

- **Livro de Registro dos Lugares:** nele são inscritos mercados, feiras, santuários e praças onde se concentram e/ou se reproduzem práticas culturais coletivas.

Os lugares são aqueles que possuem sentido cultural diferenciado para a população local, onde são realizadas práticas e atividades de naturezas variadas, tanto cotidianas quanto excepcionais, tanto vernáculas quanto oficiais. Podem ser conceituados como lugares focais da vida social de uma localidade, cujos atributos são reconhecidos e tematizados em representações simbólicas e narrativas, participando da construção dos sentidos de pertencimento, memória e identidade dos grupos sociais (IPHAN, s/d).

2.4.1.3 Chancela

A partir do momento em que se compreende o tombamento como um instrumento incapaz de oferecer uma proteção a todas as práticas associadas ao espaço, torna-se necessário a criação de um novo instrumento de proteção, conhecido como chancela.

> Considerando que os instrumentos legais vigentes que tratam do patrimônio cultural e natural, tomados individualmente, não contemplam integralmente o conjunto de fatores implícitos nas paisagens culturais; resolve:
>
> Estabelecer a chancela da Paisagem Cultural Brasileira, aplicável a porções do território nacional. (BRASIL, 2009)

Essa aplicação do conceito de paisagem cultural objetiva a preservação da diversidade e da riqueza dos cenários, urbanos e rurais, tendo em vista que os processos de massificação da vida e das paisagens têm colocado em risco e mesmo provocado o desaparecimento de contextos de vida e tradições culturais (BRASIL, 2011).

Sobre a porção do território chancelado como paisagem cultural não recairão sanções ou restrições administrativas e/ou jurídicas que impeçam sua transformação. Mas vale ressaltar que, em muitos casos, a chancela é acompanhada, antecedida ou complementada pelo tombamento e sua revalidação deve ser realizada em um prazo máximo de 10 anos.

Figura 2.6 Turistas admirando a paisagem em Fernando de Noronha (PE).

A chancela é um título, uma espécie de selo atribuído a porções específicas do território, uma paisagem marcada pela interação peculiar homem e natureza, como o sertanejo e a caatinga, o candango e o cerrado, o boiadeiro e o pantanal, o gaúcho e os pampas, o pescador e os contextos navais tradicionais e o seringueiro e a floresta amazônica (IPHAN, 2009).

Por fim, a chancela da paisagem cultural não deverá ser tratada como mero ato declaratório e, já que tem por finalidade atender ao interesse público e contribuir para a preservação do patrimônio cultural, complementando e integrando os instrumentos de promoção e proteção existentes, nos termos preconizados na Constituição Federal (BRASIL, 2009).

Vale ressaltar que as políticas de preservação sempre estiveram muito atreladas à materialidade do patrimônio, e a discussão sobre a paisagem como patrimônio no Brasil só ganhou fôlego na primeira metade da década de 2000, por conta das candidaturas das cidades do Rio de Janeiro e Paraty para a Lista de Patrimônio Mundial da Unesco na categoria de paisagem cultural (RIBEIRO, 2010).

Considerações finais

A ideia de patrimônio no Brasil sempre esteve muito vinculada à sua materialidade, inclusive a que vigorou por muito tempo nas políticas do patrimônio foi a "sacralização da memória em pedra e cal", em que a prática de preservação ficou praticamente reduzida ao tombamento.

Porém, quando o órgão de proteção do patrimônio de nível federal, o Instituto do Patrimônio Histórico e Artístico Nacional (Iphan), percebeu que o tombamento era um instrumento falho e ineficaz de ser aplicado em tudo o que recebera o *status* de bem patrimonial, recorreu aos legados de Mário de Andrade, criador do Iphan na década de 1930, que realizou uma grande pesquisa etnográfica pelo Brasil, em que registrou lugares, músicas, danças, saberes e sabores do país.

Além desse avanço do olhar nas políticas do patrimônio para a imaterialidade dos bens, nota-se o surgimento de uma nova categoria de patrimônio ainda pouco discutida na literatura, a **paisagem cultural**, como mencionado anteriormente, categoria esta que só ganhou atenção no Brasil em meados dos anos 2000, quando as cidades do Rio de Janeiro (RJ) e Paraty (RJ) se candidataram para a Lista de Patrimônio Mundial da Unesco na categoria de Paisagem Cultural.

Por fim, refletir a relação que a atividade turística, em especial o segmento cultural, estabelece com os bens patrimoniais é fazer jus a um marco das primeiras viagens de formato turístico, o *grand tour*, os deslocamentos motivados pelo interesse no saber, além de compreender que o turismo pode ser um importante aliado na preservação e na manutenção dos bens patrimoniais materiais, imateriais e paisagísticos.

> Paisagens culturais representam as obras combinadas da natureza e da ação do homem.

PARA REFLETIR

1. Liste os monumentos e as manifestações culturais de sua cidade e região que você considera como patrimônio e verifique se eles são reconhecidos por alguma esfera política (municipal, estadual ou federal).
2. Algum desses bens é reconhecido como patrimônio em mais de uma esfera política? Quais?
3. Algum desses bens considerados por você como patrimônio ainda não é reconhecido pelo Estado? Como funciona a dinâmica para tombamento e/ou registro desse bem em sua cidade e Estado?

CAPÍTULO 3

Rotas, Roteiros e Roteirização Turística

Objetivos da aprendizagem

Este capítulo visa apresentar as diferenças entre rotas, roteiros e roteirização turística, bem como os objetivos e a importância do planejamento do roteiro turístico para o fomento do turismo da região. Um roteiro turístico bem planejado e organizado estimulará o interesse do turista em visitar os atrativos regionais. É importante conhecer as características e as particularidades do mercado e do produto turísticos para o desenvolvimento e a comercialização dos roteiros turísticos. Também será abordado o processo de hierarquização de atrativos turísticos, do programa de regionalização e do mapa do turismo brasileiro. Será abordada, ainda, a importância do desenvolvimento do turismo regional por meio das estâncias turísticas e dos municípios de interesses turísticos.

SÃO PAULO

O estado de São Paulo destaca-se em relação ao demais estados da Federação por conta da criação do programa de Município de Interesses Turísticos, instaurado pela Lei Complementar nº 1.261, de 29 de abril de 2015. Essa legislação estabelece condições e requisitos para a classificação de Estâncias e de Municípios de Interesse Turístico e dá providências correlatas. O tema será abordado de maneira mais detalhada no item 3.5.2 deste capítulo.

3.1 ROTAS E ROTEIROS TURÍSTICOS

De acordo com Ministério do Turismo (BRASIL, 2010, p. 32), uma rota turística é um percurso continuado e delimitado cuja identidade é reforçada ou atribuída pela utilização turística.

A **rota turística** é um itinerário baseado em contexto histórico, onde a atividade turística se utiliza da história da localidade ou do país, como atrativo e fomento e comercialização do produto turístico. Uma característica importante da rota é que existe uma ordem dos locais a serem visitados (ponto de partida e ponto de chegada), sendo possível conhecer e contemplar vários roteiros e regiões turísticas.

O **roteiro turístico**, diferentemente da rota, é mais flexível no sentido de não exigir uma sequência de visitação. Um roteiro é um itinerário de visitação organizado com informações e programação detalhada, porém não se resume a uma visita a determinados atrativos, mas exige um planejamento e uma organização dos atrativos turísticos a serem visitados daquela localidade. Dessa forma, podemos compreender que os roteiros turísticos são um itinerário caracterizado por um ou mais elementos locais, que são estruturados para planejamento, gestão, promoção e comercialização turística da localidade.

Figura 3.1 Roteiro e rota turística.

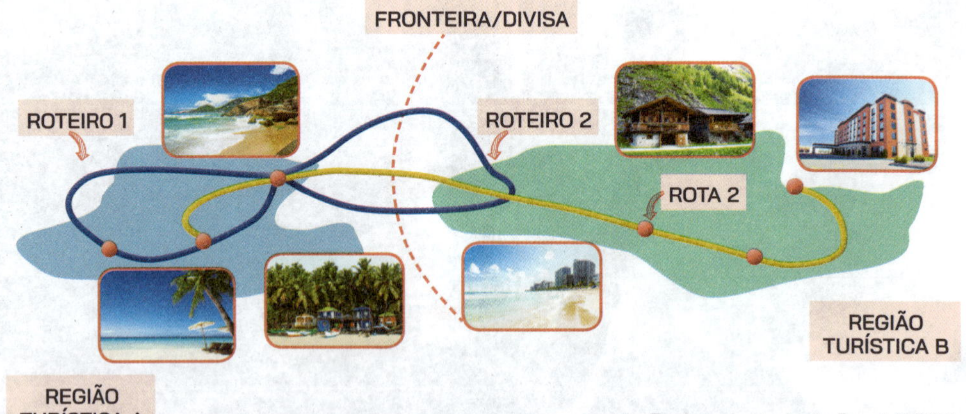

Fonte: adaptado de Brasil (2007).

Rota e roteiro têm características diferentes quando se comparam os seus processos de comercialização, conforme mostra o Quadro 3.1.

Quadro 3.1 Principais diferenças entre rota e roteiro

ROTA TURÍSTICA	ROTEIRO TURÍSTICO
Região turística	Produto turístico
Foco no empreendedor	Foco no turista
Desenvolvido pelo Setor Público (órgãos e entidades) de fomento ao turismo	Desenvolvido pelo Setor Privado (operadoras de viagens e agências de receptivo)
Ordena a atividade turística em uma determinada região	Opera a atividade turística na região
Desenvolve rede de cooperação entre os setores públicos e privados	Comercializa a rede: sustentabilidade
Estimula e facilita o empreendedorismo da região	Comercializa os empreendimentos
Determina as vocações turísticas	Combina os produtos gerados pelas vocações
Fomenta e sugere produtos turísticos e oportunidades de negócios	Comercializa os produtos turísticos
Sinalização	Programação
Cria identidade local	Temático

Fonte: adaptado de Brasil (2007).

Antes da definição de roteirização, se faz importante compreender que a região turística, de acordo com o MTur, é a base para o planejamento e o ordenamento da oferta turística existente, e que as rotas, os roteiros e os destinos podem constituir um produto turístico capaz de ser promovido e comercializado. Outro conceito importante para a construção do processo de roteirização turística é o de produto turístico.

Segundo Beni (2002, p. 172), "o produto turístico é um conjunto composto de bens e serviços produzidos em diversas unidades econômicas, que sofre uma agregação no mercado ao serem postos em destaque os atrativos turísticos".

A criação e o desenvolvimento dos produtos turísticos devem estar diretamente relacionados aos desejos e às necessidades da demanda. Para Ignarra (1999), o produto turístico é composto por um conjunto de seis componentes:

- **Recursos (matéria-prima do turismo):** naturais (clima, paisagens, praias, matas, florestas, rios, entre outros) e culturais (arquitetura, gastronomia, artesanato, folclore, festas típicas, entre outros).
- **Bens e serviços:** serviços de restaurantes, hospedagem e alimentícios, atrações, compras, entre outros.
- **Infraestrutura e equipamentos:** meios de hospedagens, estradas e acessos, restaurantes, hospitais, escolas, entre outros.
- **Gestão:** a forma como o produto é gerido (integração do tripé: público, privado e comunidade) e ofertado.
- **Imagem da marca:** como o produto turístico é percebido pelos consumidores.
- **Preço:** o valor a ser pago deve ser condizente com os serviços oferecidos e a experiência adquirida.

Relacionado ao produto turístico e como complemento ao seu entendimento, devemos considerar ainda alguns conceitos importantes:

- **Atrativo turístico:** são locais, equipamentos, fenômenos, eventos ou manifestações artísticas e culturais que despertam o interesse e a motivação de pessoas a se deslocarem para conhecê-los.
- ***Trade* turístico:** é representado pelas agências de turismo (emissivo e receptivo), operadoras, meios de hospedagem, prestadores de serviços turísticos (bares, restaurantes, transportes, entre outros), empresas de lazer, recreação e entretenimento, entre outros.
- **Região turística:** é o espaço geográfico (território) que apresenta características e potencialidades para o desenvolvimento da atividade turística.

- **Destino turístico:** é o local, a cidade, a região ou o país para onde a demanda se desloca, criando o fluxo turístico.
- **Circuito turístico:** é considerado o conjunto de atrativos turísticos localizados em uma região turística, facilitando o processo de formatação de produto turístico local.

Para o Ministério do Turismo (BRASIL, 2017, p. 17), as características específicas do produto turístico são:

Quadro 3.2 Características do produto turístico

Intangível	por ser um bem de consumo abstrato e intangível, o turista não pode tocar ou armazenar o produto, bem como transportá-lo em uma mala, ele vive a experiência e a guarda na memória.
Estático	pois não é possível mudar a localização de uma atração turística.
Perecível	pois se a visitação ou hospedagem não acontecer no período esperado, o prejuízo não pode ser recuperado. A venda perdida não poderá mais ser feita.
Limitado	a produção de serviços é limitada à determinada quantidade, em um determinado tempo e espaço.
Sazonal	concentra-se em algumas épocas e locais específicos, o que acaba por induzir a criação de produtos diferenciados para serem vendidos ao longo de todo o ano.
Sistêmico	todos os produtos e serviços de uma atração turística estão interligados. Como o turista necessita de produtos e serviços variados, a ausência de um deles poderá inviabilizar ou dificultar a experiência vivida pelo turista.
Variável em seu valor percebido	a avaliação feita pelo turista será de acordo com a qualidade da experiência vivida por ele, que pode ser diferente da experiência de outros na mesma viagem.
Difícil de controlar	uma vez que o turista avalia os serviços prestados posteriormente à sua experiência, tornando mais difícil o controle da qualidade do produto turístico.
Simultâneo	o turista consome o produto ao mesmo tempo em que o serviço é prestado.

Fonte: adaptado de Brasil (2007, p. 17).

O desenvolvimento do produto turístico é feito por uma complexa cadeia de outros setores produtivos que, ao se combinarem bens e serviços, infraestrutura, recursos naturais e históricos, atrativos, entre outros, procuram satisfazer às necessidades e às expectativas de clientes e mercado turístico.

Desta forma, para o desenvolvimento do produto turístico é importante ressaltar:

Figura 3.2 Desenvolvimento do produto turístico.

Fonte: adaptado de Brasil (2010, p. 27).

3.2 ROTEIRIZAÇÃO TURÍSTICA

Segundo o MTur (BRASIL, 2010, p. 30), roteirizar é

> [...] uma forma de organizar e integrar a oferta turística do país, gerando produtos rentáveis e comercialmente viáveis. A roteirização é voltada para a construção de parcerias e promove a integração, comprometimento, o adensamento de negócios, o resgate e a preservação dos valores socioculturais e ambientais da região.

O processo de roteirização turística é fundamental para o desenvolvimento do Programa de Regionalização Turística. A roteirização é o processo que deverá propor aos atores envolvidos no turismo, setor público, setor privado e comunidade receptora, as orientações e o planejamento para a construção e o fomento dos roteiros turísticos.

As orientações e o planejamento deverão auxiliar as localidades na integração e na organização de atrativos, equipamentos e serviços turísticos e na infraestrutura de apoio ao turista.

A roteirização turística torna-se um importante passo na construção da regionalização do turismo no país para aumentar o fluxo de turistas, a captação e a geração de divisas (gastos turísticos), além do desenvolvimento socioeconômico das regiões.

3.2.1 Processo de roteirização turística

A primeira etapa do processo de roteirização turística é a realização do levantamento da situação atual da região turística.

Figura 3.3 Análise situacional da região turística.

Fonte: adaptado de Brasil (2007).

O desenvolvimento e o fomento de novos roteiros de forma planejada possibilitarão o aumento do fluxo turístico, do tempo de permanência e do gasto diário. Isso vai depender do envolvimento dos atores (público, privado e comunidade) no planejamento e na construção do roteiro turístico da localidade.

A participação de todos os atores deve fazer parte do processo total de roteirização. O planejamento realizado de forma integrada e participativa promove uma discussão de todos os envolvidos no processo sobre o papel que cada um desenvolverá, o compromisso com os pilares da sustentabilidade (social, cultural, econômica e ambiental) e os impactos que a atividade turística poderá desempenhar na localidade.

A construção de parcerias nos níveis municipal, regional, estadual, nacional e internacional, entre setores públicos e privados, poderá propiciar oportunidades de novos negócios e *networking* para as regiões turísticas.

De acordo com o MTur (BRASIL, 2010), as competências dos envolvidos no processo de roteirização deverão ser:

Quadro 3.3 Competências dos órgãos envolvidos com o processo de roteirização

Ministério do Turismo	→ Elaborar e disponibilizar material didático e orientações para a elaboração de roteiros turísticos. → Articular, junto às diversas instituições governamentais e não governamentais, ações e programas convergentes, em âmbito federal. → Prestar apoio técnico e financeiro às UFs no processo de roteirização, conforme disponibilidade. → Induzir e apoiar o processo de roteirização junto às UFs; apoiar a promoção, a divulgação e a comercialização dos roteiros turísticos. → Definir parâmetros de qualidade dos serviços turísticos.
Órgãos Estaduais de Turismo	→ Divulgar orientações e disponibilizar material didático para a elaboração de roteiros turísticos, feitos pelo Ministério do Turismo. → Articular, junto às diversas instituições governamentais e não governamentais, ações e programas convergentes, em âmbito estadual. → Monitorar e avaliar o processo de roteirização, com base nos modelos de indicadores disponibilizados pelo Ministério do Turismo. → Induzir e apoiar o processo de roteirização nas regiões turísticas do Estado. → Apoiar a promoção, a divulgação e a comercialização dos roteiros turísticos.
Órgão Municipal de Turismo	→ Mobilizar e integrar os agentes locais para a participação no processo. → Oferecer apoio técnico e financeiro, conforme disponibilidade. → Levantar e disponibilizar informações atualizadas sobre o município. → Dotar e zelar pela infraestrutura turística e de apoio ao turismo do município. → Regular e ordenar a atividade turística, em âmbito municipal.
Parceiros	→ Capacitar empresários de micro e pequenos empreendimentos turísticos. → Contribuir para a inovação e a adequação tecnológica dos produtos turísticos, promovendo a captação de investimentos. → Estimular a criação e a consolidação de novos roteiros turísticos. → Fomentar ações para a promoção da cultura. → Apoiar a elaboração e a promoção de roteiros. → Desenvolver programas de qualificação e valorização de produtos e serviços ligados à cadeia produtiva do turismo. → Qualificar a oferta turística, ajustando-a às exigências da demanda.
Iniciativa privada	→ Criar redes de ações com empresários do setor e do poder público. → Elaborar e gerenciar os roteiros. → Promover e comercializar os roteiros turísticos. → Qualificar seus produtos e serviços.

Fonte: adaptado de Brasil (2007).

O diagnóstico turístico descreve a situação atual da atividade turística em uma determinada localidade, avaliando as principais potencialidades locais, as oportunidades, as dificuldades, as ameaças e os impactos.

O envolvimento efetivo e o compromisso estabelecido com cada um dos atores envolvidos no processo de roteirização possibilitarão a médio e a longo prazos estabelecer vantagens de roteirização para cada nicho de mercado; ampliação do foco do turismo de âmbito municipal para regional; conscientização de preservação e conservação dos patrimônios naturais e culturais e a uniformização no fomento, na comercialização e no uso de conceitos. As potencialidades e o melhor desenvolvimento da atividade turística só são possíveis por meio da realização de um **diagnóstico turístico**.

Dentro do processo de roteirização turística, os roteiros são importantes instrumentos na contextualização de atrativos, equipamentos e serviços turísticos existentes em uma região turística. O roteiro tem a função potencializadora na identidade local, pois o turista, quando visita uma localidade, não exerce apenas o interesse isolado de conhecer o atrativo, mas busca novas experiências e interesses em outros elementos, como cultura, gastronomia, história, sociedade, entre outros.

3.2.2 Classificação dos roteiros turísticos

Conforme a OMT, os roteiros turísticos podem ser definidos de acordo com o deslocamento dos indivíduos.

Pode-se dizer que o **roteiro turístico doméstico** é o desenvolvimento de uma programação turística realizada pelo deslocamento de residentes de um determinado país dentro de seus próprios limites. Exemplo: residentes da cidade de São Paulo (SP), no mês de fevereiro, viajam para Salvador (BA) por causa do carnaval.

O **roteiro internacional** refere-se ao deslocamento de pessoas de um determinado país para visitar outro(s) país(es). Por exemplo: brasileiros motivados pelo turismo de compras viajam para Miami, nos Estados Unidos. Partindo desses conceitos básicos e do ponto de vista do turista, os roteiros turísticos podem ser classificados como:

- **Roteiros emissivos:** elaborados por operadoras ou agências do polo turístico emissor, que atendem às expectativas e às necessidades individuais ou de grupos.
- **Roteiros receptivos:** elaborados por operadoras ou agências do polo turístico receptor. São planejados e adaptados de acordo com as necessidades dos turistas e a realidade da oferta local.
- **Roteiros organizados:** elaborados por órgãos públicos (municipal ou estadual) ou pela iniciativa privada (agências de viagens, operadoras, guias de turismo, entre outros).
- **Roteiros comercializados:** elaborados de acordo com aspectos operacionais de comercialização. São mais engessados quanto à programação (horários, refeições e paradas) e são oferecidos ao público de forma mais regular.
- **Roteiros não comercializados:** elaborados de acordo com as escolhas individuais e a flexibilidade do turista, não sendo tão rígido com horários, atividades e permanência. Podem ser classificados em imateriais, materiais e temáticos.

3.2.3 Tipologia dos roteiros turísticos

Os roteiros turísticos, de acordo com o Ministério do Turismo, podem apresentar a seguinte tipologia:

- ***Forfait***: elaborado de acordo com as expectativas e as necessidades do consumidor final. Roteiro elaborado de forma personalizada, não permitindo comercialização generalizada.
- **Excursão:**
  - (1) são roteiros elaborados pela agência ou pela operadora de turismo para atender às necessidades e às expectativas médias dos consumidores. São complexos, compostos por programação de lazer e entretenimento, serviços de alimentos e bebidas, meios de hospedagem e *city tours*;
  - (2) ou roteiros elaborados de acordo com a duração e permanência do turista (ida e volta no mesmo dia).

- **Pacotes:** elaborados para grupos que não se conhecem e vão permanecer mais tempo na localidade. São menos complexos, mais econômicos e sem muita flexibilidade em sua programação.
- ***City tours*:** elaborados para apresentar a cidade e seus principais atrativos. São roteiros menores, simples e que buscam o estímulo pelo aumento da permanência. Podem ser classificados em:
  - ***City tour* básico:** visitam os principais atrativos turísticos da cidade.
  - ***City tour* panorâmicos:** efetuados em veículos motorizados, não realizam paradas e fornecem informações de contexto histórico e cultural.
  - ***City tour* monumental:** visitam os atrativos mais importantes da localidade.
  - ***By night*:** visitas realizadas à noite para os turistas terem uma visão noturna da cidade.

Figura 3.4 Ônibus de turismo – sistema *hop-on hop-off*, do qual os turistas sobem e descem nos pontos atrativos.

Para saber mais!

Linha de ônibus de turismo *hop-on hop-off* é também conhecida em outros países e regiões como *Sightseeing Bus*, Linha de Turismo, Linha Circular de Turismo, Circular Turismo *Sightseeing*. Cidades como Londres, Nova York, Paris, Barcelona, Madrid, Buenos Aires, Berlim, São Paulo, Salvador, Curitiba, entre outras, oferecem essa modalidade de *city tour* que visita as principais atrações turísticas da cidade.

Diferentemente do *city tour* tradicional, na modalidade *hop-on hop-off* o ônibus tem dois andares (em muitas cidades o segundo andar é aberto), possibilitando uma visão panorâmica. Nesse sistema de *city tour*, o turista escolhe onde descer e onde subir. Com visão panorâmica, o sistema de ônibus *hop-on hop-off* se torna muito eficiente para as pessoas que estão com pouco tempo de estadia na cidade e querem ter uma noção da localidade.

3.2.4 Metodologia para o processo de roteirização turística

A roteirização turística é planejada com o objetivo de ampliar, diversificar e fomentar a oferta turística brasileira. Integrando atrativos, serviços e equipamentos turísticos, a roteirização estimula o crescimento econômico local e do país, aumenta a geração de divisas, cria novas oportunidades de trabalhos diretos e indiretos, além de promover a integração e a cooperação entre os setores públicos, privados e comunidade receptora.

O Ministério do Turismo desenvolveu uma metodologia para elaboração da roteirização turística no país. Essa metodologia, também entendida como **Passos para Roteirização Turística**, é um norte para municípios, regiões e estados desenvolverem uma rede de cooperação por meio da integração dos municípios, a fim de que juntos formem roteiros integrados (adaptados à realidade e às especificidades de cada local) e possam iniciar futuramente o processo de regionalização do turismo.

Quadro 3.4 Passos para o desenvolvimento da roteirização turística

PASSOS DO PROJETO REDE DE COOPERAÇÃO TÉCNICA PARA A ROTEIRIZAÇÃO – 2ª EDIÇÃO (METODOLOGIA ATUAL)	PASSOS ADOTADOS INICIALMENTE PELO PROGRAMA DE REGIONALIZAÇÃO DO TURISMO
1. Definição dos territórios envolvidos	–
2. Instalação do Comitê Gestor do Roteiro	**1.** Envolvimento dos atores **2.** Definição de competências e funções
3. Realização do diagnóstico do roteiro	**3.** Avaliação e hierarquização dos atrativos turísticos **4.** Análise de mercado e definição de segmentos **5.** Identificação dos possíveis impactos socioculturais, ambientais e econômicos
4. Construção do planejamento estratégico	–
5. Implantação do plano operacional	**6.** Elaboração do roteiro específico **7.** Levantamento das ações necessárias para a implementação do roteiro turístico **8.** Fixação dos preços a serem cobrados e teste do roteiro turístico **9.** Qualificação dos serviços turísticos **10.** Promoção e comercialização
6. Acompanhamento e avaliação das ações implantadas	**11.** Monitoria e avaliação

Fonte: adaptado de Brasil (2007).

3.2.5 Hierarquização dos atrativos turísticos

De acordo com Fernandes (2011, p. 39), promover a hierarquização dos atrativos turísticos é uma forma de reduzir ou minimizar o caráter subjetivo da avaliação dos atrativos, equipamentos e serviços turísticos.

Realizar a avaliação e a hierarquização de um atrativo turístico é um passo importante para qualquer tomada de decisão. A avaliação é parte do processo que poderá definir a importância atual do atrativo ou uma previsão futura, e a hierarquização é o processo que permite ordenar um conjunto de atrativos locais de acordo com a sua importância para o desenvolvimento da atividade turística.

O processo de avaliação e hierarquização dos atrativos turísticos torna-se ferramenta de gestão importante para uma tomada de decisão, obtenção de informação sobre os aspectos positivos e negativos de cada atrativo, contribuição com o processo de roteirização e regionalização turística, além de atender às exigências do inventário e do planejamento turístico local.

Utilizando a metodologia empregada pelo Ministério do Turismo (BRASIL, 2007, p. 27), verificam-se as categorias de atrativos turístico.

Quadro 3.5 Categorias de atrativos turísticos

CATEGORIAS	DEFINIÇÕES	EXEMPLOS
Atrativos naturais	Elementos da natureza que, ao serem utilizados para fins turísticos, passam a atrair fluxos turísticos.	Montanhas, rios, ilhas, praias, dunas, cavernas, cachoeiras, clima, fauna, flora etc.
Atrativos culturais	Elementos da cultura que, ao serem utilizados para fins turísticos, passam a atrair fluxos turísticos. São bens e valores culturais de natureza material e imaterial produzidos pelo homem e apropriados pelo turismo, da pré-história à época atual, como testemunhos de uma cultura.	Artesanato, gastronomia, museus, festas e celebrações, manifestações artísticas etc.
Atividades econômicas	Atividades produtivas capazes de motivar a visitação turística e propiciar a utilização de serviços e equipamentos turísticos.	Fabricação de cristais, agropecuária, extrativismo etc.

CATEGORIAS	DEFINIÇÕES	EXEMPLOS
Realizações técnicas, científicas e artísticas	Obras, instalações, organizações, atividades de pesquisa de qualquer época que, por suas características, são capazes de motivar o interesse do turista e, com isso, propiciar a utilização de serviços e equipamentos turísticos.	Museus naturais, observatórios, aquários etc.
Eventos programados	Eventos que concentram pessoas para tratar ou debater assuntos de interesse comum e negociar ou, ainda, expor produtos e serviços; podem ser de natureza comercial, profissional, técnica, científica, cultural, política, religiosa, turística, entre outras, com datas e locais previamente estabelecidos. Esses eventos propiciam a utilização de serviços e equipamentos turísticos.	Feiras, congressos, seminários etc.

Fonte: adaptado de Brasil (2007).

Compreendidas as categorias dos atrativos turísticos, a próxima etapa é avaliar o grau de atratividade das atrações de cada localidade, levando em consideração suas características, especificidades e o despertar do imaginário do turista.

Quadro 3.6 Hierarquia e grau de atratividade

Hierarquia 3 (alta)	É todo atrativo turístico excepcional e de grande interesse, com significação para o mercado turístico internacional, capaz de, por si só, motivar importantes correntes de visitantes, atuais e potenciais.
Hierarquia 2 (média)	Atrativos com aspectos excepcionais em um país, capazes de motivar uma corrente atual ou potencial de visitantes deste país ou estrangeiros, em conjunto com outros atrativos próximos a este.

Hierarquia 1 (baixa)	Atrativos com algum aspecto expressivo, capazes de interessar visitantes oriundos de lugares no próprio país, que tenham chegado à área por outras motivações turísticas, ou capazes de motivar fluxos turísticos regionais ou locais (atuais ou potenciais).
Hierarquia 0 (nenhuma)	Atrativos sem méritos suficientes, mas que são parte do patrimônio turístico como elementos que podem complementar outros de maior hierarquia. Podem motivar correntes turísticas locais, em particular a demanda de recreação popular.

Fonte: adaptado de Brasil (2007).

Quadro 3.7 Critérios para avaliação e hierarquização

<table>
<tr><th rowspan="9">HIERARQUIA</th><th rowspan="2">CRITÉRIOS</th><th colspan="4">VALORES</th></tr>
<tr><th>0</th><th>1</th><th>2</th><th>3</th></tr>
<tr><td>Potencial de atratividade</td><td>Nenhum</td><td>Baixo</td><td>Médio</td><td>Alto</td></tr>
<tr><td>Grau de uso atual</td><td>Fluxo turístico insignificante</td><td>Pequeno fluxo</td><td>Média intensidade de fluxo</td><td>Grande fluxo</td></tr>
<tr><td>Representatividade</td><td>Nenhuma</td><td>Elemento bastante comum</td><td>Pequeno grupo de elementos similares</td><td>Elemento singular, raro</td></tr>
<tr><td>Apoio local e comunitário</td><td>Nenhum</td><td>Apoiado por uma pequena parcela da comunidade</td><td>Apoio razoável</td><td>Apoiado por grande parcela da comunidade</td></tr>
<tr><td>Estado de conservação da paisagem circundante</td><td>Péssimo estado de conservação</td><td>Estado de conservação regular</td><td>Bom estado de conservação</td><td>Ótimo estado de conservação</td></tr>
<tr><td>Infraestrutura</td><td>Inexistente</td><td>Existe, porém em estado precário</td><td>Existente, mas demandando melhorias e/ou intervenções</td><td>Existente e em ótimas condições</td></tr>
<tr><td>Acesso</td><td>Inexistente</td><td>Em estado precário</td><td>Necessitando melhorias e/ou intervenções</td><td>Em ótimas condições</td></tr>
</table>

Fonte: adaptado de Brasil (2005).

De acordo com o Programa de Regionalização do Turismo, podemos compreender os critérios de avaliação e hierarquização dos atrativos turísticos da seguinte forma:

- **Grau de uso atual:** permite analisar o atual volume de fluxo turístico efetivo e sua importância para o município. Difere do grau de interesse por representar a situação atual, em vez do potencial. Um alto grau de uso indica que o atrativo apresenta uma utilização turística efetiva.

- **Representatividade:** fundamenta-se na singularidade ou na raridade do atrativo. Quanto mais se assemelhar a outros atrativos, menos interessante ou prioritário será.

- **Apoio local e comunitário:** a partir da opinião dos líderes comunitários, deve-se analisar o grau de interesse da comunidade local para o desenvolvimento e a disponibilidade ao público.

- **Estado de conservação da paisagem circundante:** verificar, por observação *in loco*, o estado de conservação da paisagem que circunda o atrativo.

- **Infraestrutura:** verificar, *in loco*, se existe infraestrutura disponível no atrativo e o seu estado.

- **Acesso:** verificar as vias de acesso existentes e suas condições de uso.

Conforme as especificações apresentadas no Quadro 3.7, devem ser o modelo a ser preenchido no Quadro 3.8. De acordo com a metodologia apresentada pelo Ministério de Turismo, adaptado da OMT e do Centro Interamericano de Capacitação Turística (CICATUR), os itens potenciais de atratividade do elemento e da representatividade deverão receber uma pontuação em dobro (multiplicado por dois); os demais, deverão receber a pontuação de acordo com aferimento realizado com base nos critérios de avaliação e hierarquização.

Quadro 3.8 Modelo para preenchimento no processo de roteirização

<table>
<tr><th colspan="4">POTENCIAL DE ATRATIVIDADE DO ELEMENTO</th></tr>
<tr><th></th><th>Atrativos</th><th>Características</th><th>Hierarquia</th></tr>
<tr><td rowspan="5">Naturais</td><td></td><td></td><td></td></tr>
<tr><td></td><td></td><td></td></tr>
<tr><td></td><td></td><td></td></tr>
<tr><td></td><td></td><td></td></tr>
<tr><td></td><td></td><td></td></tr>
<tr><td rowspan="5">Culturais</td><td></td><td></td><td></td></tr>
<tr><td></td><td></td><td></td></tr>
<tr><td></td><td></td><td></td></tr>
<tr><td></td><td></td><td></td></tr>
<tr><td></td><td></td><td></td></tr>
<tr><td rowspan="5">Realizações técnicas, científicas e artísticas</td><td></td><td></td><td></td></tr>
<tr><td></td><td></td><td></td></tr>
<tr><td></td><td></td><td></td></tr>
<tr><td></td><td></td><td></td></tr>
<tr><td></td><td></td><td></td></tr>
<tr><td rowspan="5">Eventos programados</td><td></td><td></td><td></td></tr>
<tr><td></td><td></td><td></td></tr>
<tr><td></td><td></td><td></td></tr>
<tr><td></td><td></td><td></td></tr>
<tr><td></td><td></td><td></td></tr>
<tr><td rowspan="5">Atividades econômicas</td><td></td><td></td><td></td></tr>
<tr><td></td><td></td><td></td></tr>
<tr><td></td><td></td><td></td></tr>
<tr><td></td><td></td><td></td></tr>
<tr><td></td><td></td><td></td></tr>
</table>

Fonte: adaptado de Brasil (2007).

Após todos os atrativos receberem sua pontuação, somam-se os pontos obtidos e elabora-se a hierarquização da importância da atratividade.

3.3 PROGRAMA DE REGIONALIZAÇÃO DO TURISMO

De acordo com o MTur (BRASIL, 2007, p. 8), **regionalização** não é apenas um agrupamento de municípios que possuem algumas características e similaridades em comum. O processo de regionalizar é a busca por um ambiente democrático, harmônico e participativo entre os principais atores envolvidos na atividade turística: poder público, iniciativa privada, terceiro setor e comunidade. O objetivo da regionalização do turismo é promover e articular um processo de integração e cooperação em uma ação conjunta que envolva todos os atores (diretos e indiretos) para o desenvolvimento da atividade turística em regiões turísticas. A Portaria nº 105, de 16 de maio de 2013, do Ministério do Turismo, institui o Programa de Regionalização do Turismo:

> Art. 1º Fica instituído o Programa de Regionalização do Turismo com o objetivo de promover a convergência e a articulação das ações do Ministério do Turismo e do conjunto das políticas públicas setoriais e locais, tendo como foco a gestão, estruturação e promoção do turismo no Brasil, de forma regionalizada e descentralizada, alinhado aos princípios da Política Nacional de Turismo, estabelecidos pela Lei 11.771, de 17 de setembro de 2008.
>
> Art. 2º São objetivos do Programa de Regionalização do Turismo:
>
> I mobilizar e articular os programas e ações no âmbito do Ministério do Turismo, de outros órgãos públicos e das agências de fomento nacionais e multilaterais, para a abordagem territorial e a gestão descentralizada do turismo;
>
> II estabelecer critérios e parâmetros para a definição e categorização dos municípios e das regiões turísticas, de modo a gerar indicadores de processos, resultados e de desempenho como ferramentas de apoio à tomada de decisão técnica e política;

III promover a integração e o fortalecimento das instâncias colegiadas nos estados, regiões e municípios;

IV incentivar e apoiar a formulação e a gestão de planos turísticos estaduais, regionais e municipais, com o protagonismo da cadeia produtiva, adotando visão integradora de espaços, agentes, mercados e políticas públicas;

V prover os meios para qualificar os profissionais e serviços, bem como incrementar a produção associada nas regiões e municípios turísticos;

VI fomentar o empreendedorismo nos estados, regiões e municípios turísticos;

VII fomentar a captação e promoção de investimentos no âmbito dos estados, regiões e municípios turísticos, capacitando os gestores para estas finalidades;

VIII identificar as necessidades de infraestrutura dos estados, regiões e municípios e articular sua priorização com áreas setoriais;

IX apoiar a promoção e comercialização dos produtos turísticos;

X transferir conhecimento técnico visando à eficiência e eficácia da gestão pública de turismo no País;

XI definir critérios, parâmetros e métodos capazes de estimular e disseminar as melhores práticas e iniciativas em turismo no País; e

XII estabelecer critérios para a ampliação do uso de editais de seleção pública, na escolha de projetos para a destinação de recursos públicos do orçamento. (BRASIL, 2013)

Vale ressaltar que, em 2003 (com base na Lei nº 10.683, de 28 de maio de 2003), o Ministério do Turismo tinha como principais atribuições o desenvolvimento da política nacional de desenvolvimento do turismo; a promoção e a divulgação do turismo nacional, no País e no exterior; o estímulo às iniciativas públicas e privadas de incentivo às atividades turísticas; o planejamento, a coordenação, a supervisão e a avaliação dos planos e dos programas de incentivo ao turismo; a gestão do Fundo Geral do Turismo e o desenvolvimento do Sistema Brasileiro de Certificação e Classificação das atividades, empreendimentos e equipamentos dos prestadores de serviços turísticos.

O maior desafio do Ministério do Turismo é possibilitar uma gestão e um desenvolvimento sustentável (econômico, político, social, cultural e ambiental) para um país com dimensão territorial e diversidades ambiental, cultural e social tão grandes como o Brasil.

O Programa de Regionalização do Turismo diz respeito, em sua essência, a diretrizes políticas e operacionais com o foco no modelo **descentralizado** de gestão de turismo no país, cujo esperado é que cada região consiga ter condições para estruturar suas atividades turísticas de forma participativa e sustentável (econômica, ambiental, social, cultural e política). A Regionalização do Turismo é formatada e desenvolvida para atender às necessidades do Plano Nacional de Turismo (2003-2007), do Macroprograma 4 (Estruturação e Diversificação da Oferta Turística), como forma de promover e fomentar o desenvolvimento do turismo de forma cooperada e regionalizada no Brasil.

> Descentralizar significa fortalecer os espaços de participação, a desconcentração física e política das responsabilidades na gestão dos processos e a autonomia no planejamento.

De acordo com as Diretrizes Políticas do Programa de Regionalização (2004, p. 11),

> Regionalizar é transformar a ação centrada na unidade municipal em uma política pública mobilizadora, capaz de provocar mudanças, sistematizar o planejamento e coordenar o processo de desenvolvimento local, regional, estadual e nacional de forma articulada e compartilhada. Para implementar esse modelo é necessária a organização de um espaço geográfico em regiões, para fins de planejamento, gestão, promoção e comercialização integrada e compartilhada da atividade turística.

Para atingir as metas e os resultados, o processo de regionalização do turismo está baseado nas seguintes premissas:

Figura 3.5 Premissas do processo de regionalização do turismo.

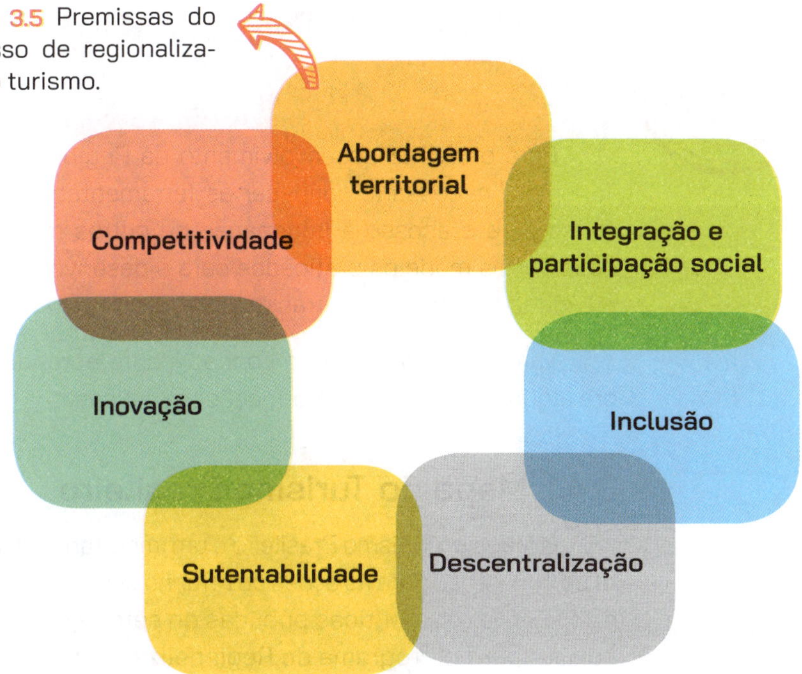

Fonte: adaptado de Brasil (2007).

O MTur apoia e desenvolve ações para o nivelamento de conceitos, princípios e orientações para que as regiões turísticas possam desenvolver e conduzir o processo de regionalização.

Figura 3.6 Processo de Regionalização do Turismo definido pelo MTur.

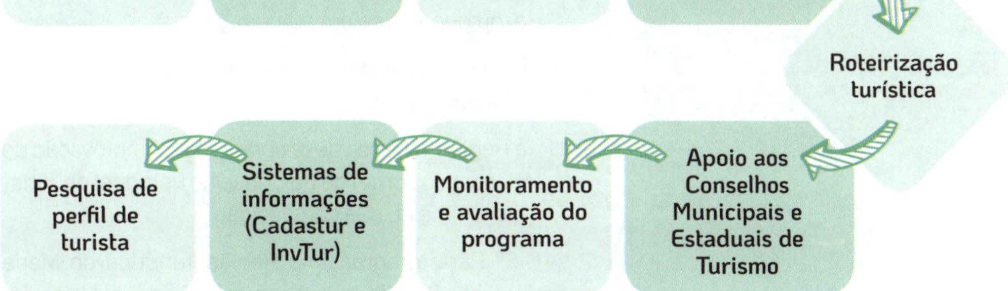

Fonte: adaptado de Brasil (2007).

SISTEMAS DE INFORMAÇÕES TURÍSTICAS

Para o melhor desenvolvimento da Regionalização do Turismo é necessário conhecer as ferramentas disponibilizadas para o acesso à informação de outros municípios e observar os modelos praticados para o desenvolvimento da atividade turística em outras regiões.

Vamos ampliar agora o conhecimento aprendendo sobre alguns sistemas de informações turísticas.

3.4.1 Mapa do Turismo Brasileiro

O Mapa do Turismo Brasileiro é um importante instrumento de orientação para as ações do MTur no desenvolvimento e no fomento das políticas públicas do setor e um indicador auxiliar para o Programa de Regionalização do Turismo.

O Mapa do Turismo Brasileiro é o instrumento instituído pela Portaria MTur nº 313, de 3 de dezembro de 2013, atualizada no âmbito do Programa de Regionalização do Turismo (instituído pela Portaria nº 105, de 16 de maio de 2013, atualizada) que apresenta:

> Art. 1º Na definição de cada Região Turística integrante do Mapa do Turismo Brasileiro, instituído pela Portaria MTur nº 313, de 03 de dezembro de 2013, deverão ser observados os seguintes critérios:
>
> I os municípios devem possuir características similares e/ou complementares e aspectos que os identifiquem enquanto região, ou seja, que tenham uma identidade histórica, cultural, econômica e/ou geográfica em comum;
>
> II os municípios devem ser limítrofes e/ou próximos uns aos outros; e
>
> III a Região Turística deve apresentar comprovação de ciência do Fórum ou do Conselho Estadual de Turismo acerca de sua composição.
>
> Art. 2º Para integrar uma Região Turística do Mapa do Turismo Brasileiro, cada município deverá atender aos seguintes critérios:

I possuir órgão responsável pela pasta de turismo (Secretaria, Fundação, Coordenadoria, Departamento, Diretoria, Setor ou Gerência);

II comprovar a existência de dotação para o turismo na lei orçamentária anual vigente; e

III apresentar Termo de Compromisso assinado por Prefeito Municipal ou dirigente responsável pela pasta de turismo, conforme modelo disponibilizado, aderindo de forma espontânea e formal ao Programa de Regionalização do Turismo e à Região Turística.

Com o objetivo de ter um maior conhecimento sobre o território brasileiro, o Mapa do Turismo Brasileiro, na sua edição de 2016, teve em sua formação 2.175 municípios agrupados em 291 regiões turísticas, possibilitando uma consolidação dos destinos e melhorando a qualidade e os serviços dos produtos turísticos brasileiros.

APROFUNDE SEUS CONHECIMENTOS

Vamos conhecer um pouco mais sobre o Mapa do Turismo Brasileiro? Acesse o link do mapa virtual e descubra as regiões turísticas brasileiras. Veja se o seu município faz parte desse mapa. Disponível em: <http://mapa.turismo.gov.br/mapa/>. Acesso em: 29 jan. 2019.

3.4.2 Cadastur

Cadastur é o sistema de cadastro de pessoas físicas e jurídicas que atuam no setor de turismo e visa a promover o ordenamento, a formalização e a legalização dos prestadores de serviços turísticos no Brasil, por meio do cadastro de empresas e profissionais do setor. O cadastro garante diversas vantagens e oportunidades de negócios aos seus cadastrados e é também uma importante fonte de consulta para o turista. O programa é executado pelo Ministério do Turismo em parceria com os órgãos oficiais de turismo nos 26 estados brasileiros e no Distrito Federal. O cadastro é obrigatório para as seguintes atividades (Leis nº 11.771/08 e nº 8.623/93):

1 agências de turismo;

2 meios de hospedagem (albergue, *flat*, hotel urbano, hotel de selva, hotel fazenda, hotel histórico, pousada, *resort* e cama & café);

3 guias de turismo;

4 transportadoras turísticas;

5 acampamentos turísticos;

6 organizadoras de eventos;

7 parques temáticos.

Em caráter opcional, também poderão se cadastrar:

- restaurantes, cafeterias, bares e similares;
- centros ou locais destinados a convenções, feiras, exposições e similares;
- parques temáticos aquáticos;
- empreendimentos de equipamentos de entretenimento e lazer;
- marinas e empreendimentos de apoio ao turismo náutico;
- empreendimentos de apoio à pesca desportiva;
- casas de espetáculos, shows e equipamentos de animação turística;
- prestadores de serviços de infraestrutura de apoio a eventos;
- locadoras de veículos para turistas; e
- prestadores especializados em segmentos turísticos.

APROFUNDE SEUS CONHECIMENTOS

Conheça mais sobre como funciona o Cadastur, acessando o link disponível em: <https://cadastur.turismo.gov.br>. Acesso em: 29 jan. 2019.

3.4.3 Inventário da Oferta Turística

O Inventário da Oferta Turística (Invtur) consiste no levantamento, na identificação e no registro de atrativos turísticos, serviços e equipamentos turísticos e na infraestrutura de apoio ao turismo como instrumento base de informações para fins de planejamento, gestão e promoção da atividade turística, possibilitando a definição de prioridades para os recursos disponíveis e o incentivo ao turismo sustentável.

O objetivo do Invtur é funcionar como equipamento de consulta para estudantes, empresários e pesquisadores a fim de:

- disponibilizar aos visitantes, planejadores e gestores dados confiáveis sobre a oferta turística brasileira;
- possibilitar a análise do significado econômico do turismo e seu efeito multiplicador no desenvolvimento municipal;
- permitir a identificação e a classificação de municípios turísticos com potencial turístico;
- permitir o diagnóstico de deficiências, pontos críticos, estrangulamentos e desajustes existentes entre a oferta e a demanda; e
- coletar informações que subsidiem a elaboração de roteiros turísticos.

3.4.4 Sistema Brasileiro de Classificação de Hospedagem

O novo Sistema Brasileiro de Classificação de Meios de Hospedagem (SBClass) foi elaborado de forma participativa, por meio de uma ampla parceria entre o Ministério do Turismo, o Inmetro, a Sociedade Brasileira de Metrologia (SBM) e a sociedade civil, e adotado como estratégia para o país para aumentar a competitividade do setor. Para solicitar a classificação, é obrigatório que o meio de hospedagem esteja com o cadastro válido no sistema Cadastur. A classificação é, reconhecidamente, um instrumento de divulgação de informações claras e objetivas sobre meios de hospedagem, sendo um importante mecanismo de comunicação com o mercado. Possibilita a concorrência justa entre os meios de hospedagem do país e auxilia turistas, brasileiros e estrangeiros, em suas escolhas.

3.5 TURISMO REGIONAL NO ESTADO DE SÃO PAULO

Para compreender o significado de turismo regional, não se pode olhar ou estudar apenas uma parte, é necessário visualizar o todo. Quando se refere ao estudo do turismo, esse olhar é um pouco mais complexo devido às diversas partes que compõem suas estrutura e infraestrutura. Sim, existe um conjunto de oferta, demanda, mercado, produto turístico que se conecta com outras atividades, formando e desenvolvendo uma rede de parcerias à qual chamamos de Cadeia Produtiva do Turismo.

Figura 3.7 Cadeia Produtiva do Turismo.

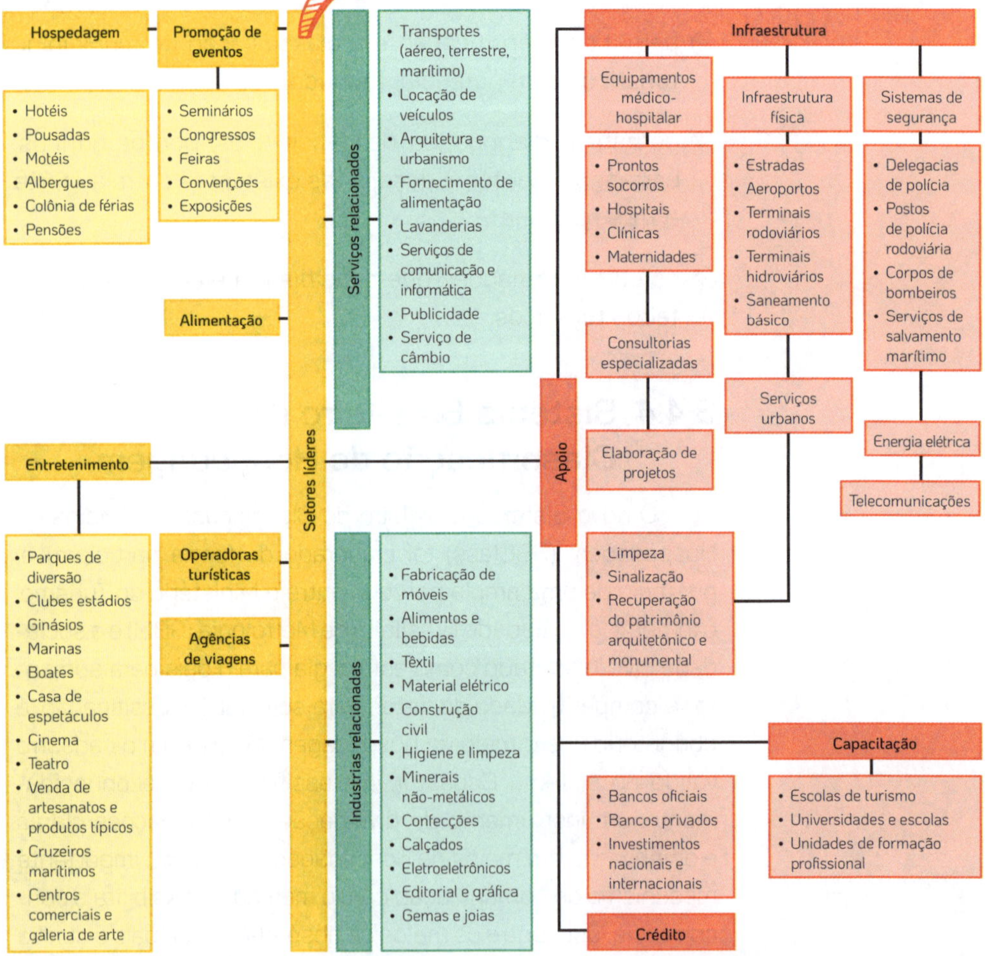

Fonte: adaptado de Sebrae (2017).

Anteriormente, se estudou a importância da Roteirização Turística e do Programa de Regionalização do Turismo para fomento e desenvolvimento das regiões turísticas. Existem diversos motivos que impulsionam as pessoas a querer viajar: visitar amigos, realizar negócios, tratar da saúde, buscar diversão e lazer, descobrir novos sabores, escutar novos estilos de música, entre tantos outros.

Para saber mais!

Regionalidades são os elementos econômico, social, cultural (gastronomia típica, folclore, música, vestimenta) e paisagístico de uma determinada região.

Vamos aprender e compreender como turismo e regionalidades são fundamentais para o desenvolvimento da atividade turística local, saber sobre os conceitos de estâncias turísticas e como o estado de São Paulo organiza as suas regiões turísticas.

3.5.1 Estâncias turísticas

Estância turística é um título concedido à determinada localidade pelo governo do estado de São Paulo que atenda às características e às especificidades turísticas e a alguns determinados requisitos, como: lazer, recreação, recursos naturais e culturais para o desenvolvimento da prática e da atividade turística. Os municípios declarados como estância turística devem dispor de infraestrutura, equipamentos e serviços turísticos, e poderão receber aportes financeiros do estado para incentivo e fomento do turismo na região.

De acordo com a Secretaria de Turismo do Estado de São Paulo, as estâncias possuem infraestrutura e serviços direcionados ao turismo, seguindo legislação específica e pré-requisitos para a qualificação. São 70 municípios com essa classificação em São Paulo, e eles podem ser destacados como estâncias turísticas, climáticas, hidrominerais e balneárias. Em 2016, uma lei estadual criou a categoria Municípios de

Interesse Turístico, que também visa a oferecer mais condições para incrementar o turismo em outras cidades – cerca de 140 estão aptas a integrar essa categoria, pois possuem condições e características para acolher bem o turista.

De acordo com a Associação das Prefeituras das Cidades Estância do Estado de São Paulo (Aprecesp), as estâncias paulistas estão divididas entre: balneárias, climáticas, hidrominerais e turísticas.

As Estâncias Turísticas são localidades que têm forte apelo a manifestações e tradições culturais, patrimônios históricos, artesanatos, arquiteturas, folclores, entre outros.

São classificadas como Estâncias Turísticas do Estado de São Paulo os municípios de:

- Aparecida
- Avaré
- Bananal
- Barra Bonita
- Batatais
- Brotas
- Eldorado
- Embu das Artes
- Guaratinguetá
- Holambra
- Ibitinga
- Ibiúna

Figura 3.8 Estação ferroviária de Guaratinguetá.

Figura 3.9 Além das famosas feiras de artesanato, Embu das Artes tem ainda a Basílica Rosário de Fátima, um dos pontos mais visitados da cidade.

Figura 3.10 Conjunto Histórico e Paisagístico de São Luiz do Paraitinga.

- Igaraçu do Tietê
- Ilha Solteira
- Itu
- Joanópolis
- Olímpia
- Paraguaçu Paulista
- Paranapanema
- Pereira Barreto
- Piraju
- Presidente Epitácio
- Ribeirão Pires
- Salesópolis
- Salto
- Santa Fé do Sul
- São José do Barreiro
- São Luiz do Paraitinga
- São Pedro
- São Roque
- Tremembé
- Tupã

As Estâncias Hidrominerais são as localidades que têm como característica local águas terapêuticas, bicarbonadas, radioativas, banhos de imersão, tratamentos medicinais e usam a água para prática de esportes de aventuras e parques aquáticos. São localidades hidrominerais do Estado de São Paulo:

- Águas da Prata
- Águas de Lindóia
- Águas de Santa Bárbara

Figura 3.11 A cidade de Águas de Lindóia é conhecida como a capital termal do Brasil.

- Águas de São Pedro
- Amparo
- Atibaia
- Ibirá
- Lindoia
- Monte Alegre do Sul
- Poá
- Serra Negra
- Socorro

Figura 3.12 Fonte Gioconda, localizada em Águas de São Pedro.

As Estâncias Climáticas são os municípios que têm como características os atrativos naturais, como: clima, montanhas, cachoeiras e área verde. São localidades climáticas:

Figura 3.13 Morro do Camelo e Morro do Cuscuzeiro são dois pontos turísticos da cidade de Analândia.

- Analândia
- Bragança Paulista
- Caconde
- Campos do Jordão

Figura 3.14 Campos do Jordão é chamada de "Suíça Brasileira" por sua arquitetura e seu clima mais frio que a média brasileira.

- Campos Novos Paulista
- Cunha
- Morungaba
- Nuporanga
- Santa Rita do Passa Quatro
- Santo Antônio do Pinhal
- São Bento do Sapucaí

Figura 3.15 Guarujá é conhecida como a "Pérola do Atlântico" por suas belas praias e belezas naturais.

Figura 3.16 Maior cidade litorânea de São Paulo, Santos é dono do maior jardim frontal de praia em extensão do mundo.

As Estâncias Balneárias são municípios que têm uma oferta natural (praia, mar, lago, trechos preservados de mata atlântica, entre outros) e desenvolvem atividades de esporte e aventura como grande atratividade. São elas:

- Bertioga
- Cananeia
- Caraguatatuba
- Guarujá
- Iguape
- Ilha Comprida
- Ilhabela
- Itanhaém
- Mongaguá
- Peruíbe
- Praia Grande
- Santos
- São Sebastião
- São Vicente
- Ubatuba

APROFUNDE SEUS CONHECIMENTOS

Vamos conhecer um pouco mais as regiões turísticas do Estado de São Paulo?

Acesse o link da Secretaria de Turismo do Estado de São Paulo e confira o mapa das regiões turísticas. Disponível em: <http://www.turismo.sp.gov.br/publico/noticia.php?codigo=1269>. Acesso em: 29 jan. 2019.

As Estâncias Turísticas foram surgindo ao longo dos anos e foram compondo e fortalecendo o turismo regional no estado de São Paulo. Vamos observar como foi a evolução histórica da origem das estâncias:

Figura 3.17 Evolução histórica das Estâncias Turísticas do Estado de São Paulo.

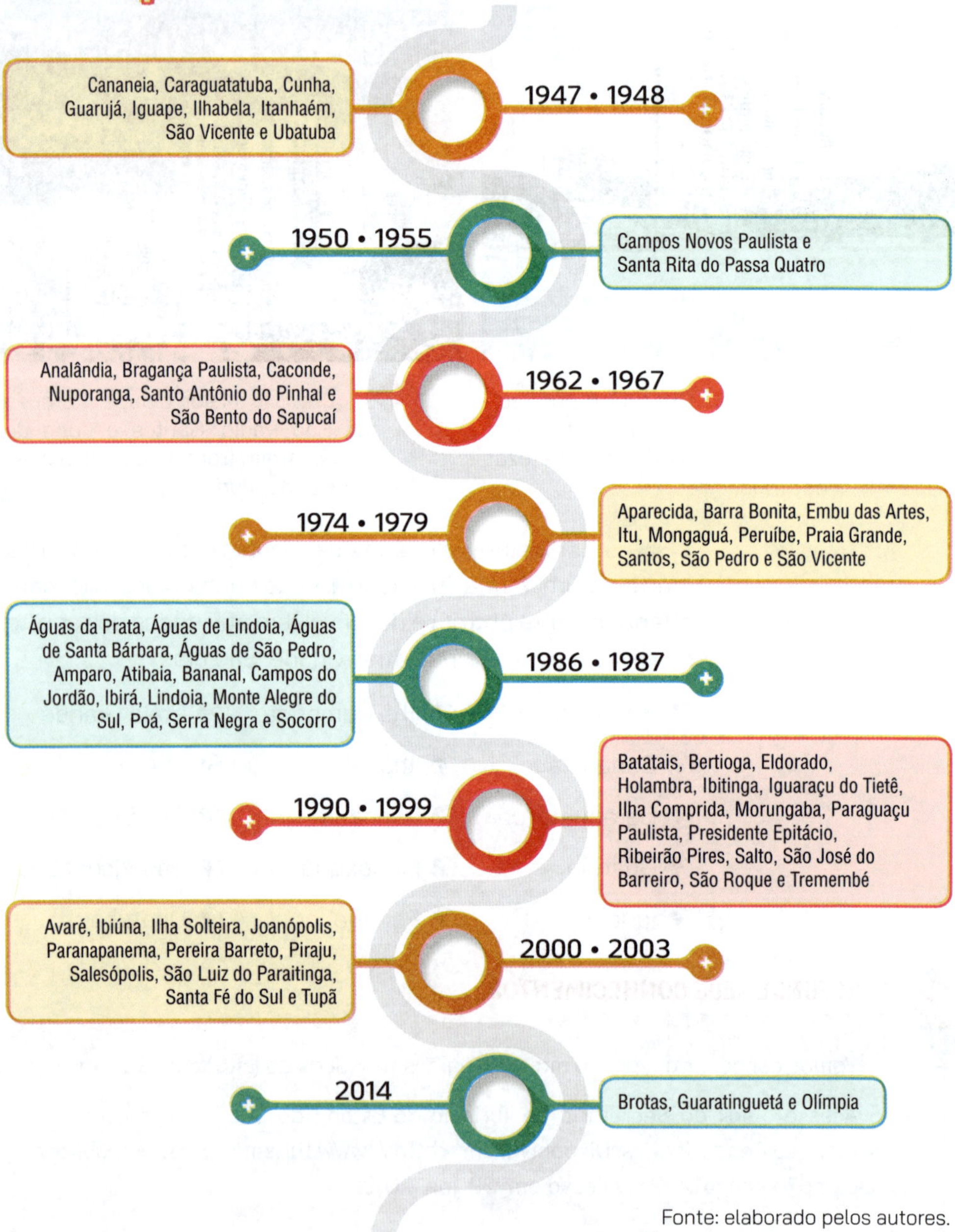

Fonte: elaborado pelos autores.

3.5.2 Município de Interesse Turístico (MIT)

A Lei Complementar nº 1.261, de 29 de abril de 2015, criou uma classificação de município turístico para o estado de São Paulo. Além das Estâncias Turísticas e suas condições indispensáveis, os municípios com vocação para atividade turística poderão ser classificados como Município de Interesses Turísticos (MIT), os quais deverão apresentar as seguintes condições conforme o art. 4º da Lei:

> Art. 4º São condições indispensáveis e cumulativas para a classificação de Município como de Interesse Turístico:
>
> I ter potencial turístico;
>
> II dispor de serviço médico emergencial e, no mínimo, dos seguintes equipamentos e serviços turísticos: meios de hospedagem no local ou na região, serviços de alimentação e serviço de informação turística;
>
> III dispor de infraestrutura básica capaz de atender às populações fixas e flutuantes no que se refere a abastecimento de água potável e coleta de resíduos sólidos;
>
> IV possuir expressivos atrativos turísticos, plano diretor de turismo e Conselho Municipal de Turismo, nos mesmos termos previstos nos incisos II, VI e VII do artigo 2º desta lei complementar.

O estado de São Paulo possui 70 estâncias turísticas, e com a nova lei de criação dos Municípios de Interesses Turísticos cria-se a possibilidade para mais 140 novos municípios receberem recursos do Fundo de Melhoria dos Municípios Turísticos, administrado pelo Departamento de Apoio às Estâncias (Dade).

Para saber mais!

O Departamento de Apoio ao Desenvolvimento dos Municípios Turísticos (Dadetur) foi criado pela Lei nº 6.470, em junho de 1989 para, entre outras atribuições, transferir recursos diretos para a execução de obras e programas ligados ao desenvolvimento do turismo nas cidades reconhecidas como estâncias. Os recursos dos convênios que essas cidades celebram com o Dadetur provêm do Fundo de Melhoria das Estâncias, que é mencionado no art. 146 da Constituição do Estado de São Paulo e funciona de acordo com a Lei nº 7.862/1992.

As cidades paulistanas que se enquadrarem como Município de Interesse Turísticos, em resumo, devem apresentar:

Figura 3.18 Requisitos para a classificação de munvicípio como de Interesse Turístico.

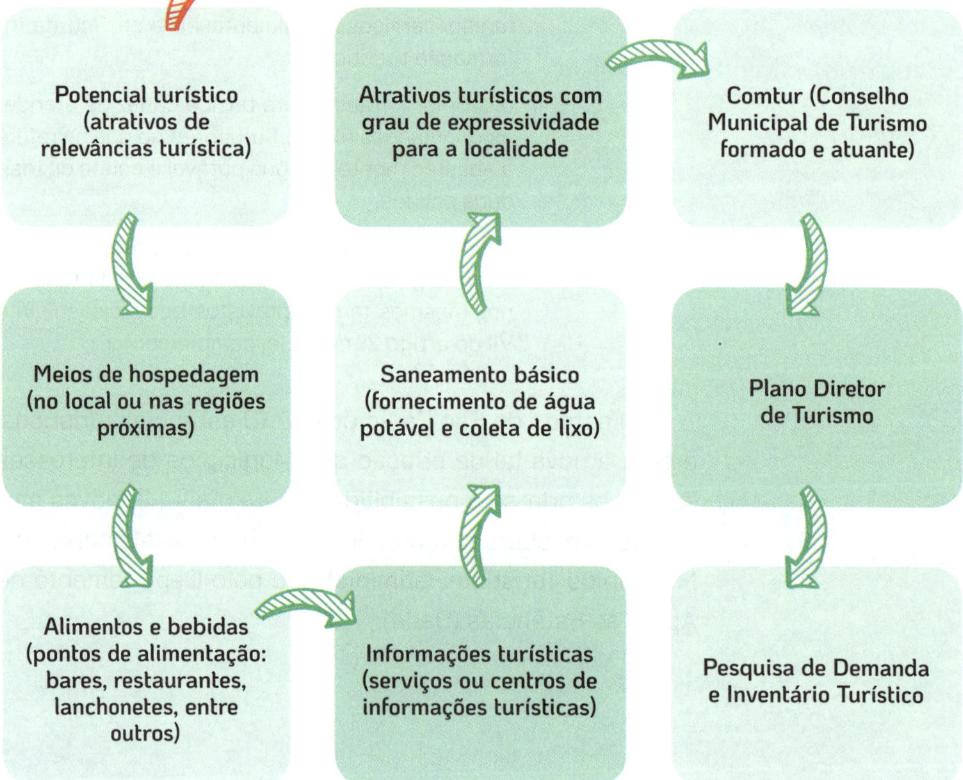

Fonte: elaborado pelos autores.

3.5.3 Turismo regional na cidade de São Paulo

O Plano de Turismo Municipal da cidade de São Paulo | Platum (2015-2018) resume a importância da cidade de São Paulo como destino turístico brasileiro: cosmopolita, moderna, global, populosa, densa, complexa, interessante. Diversos são os adjetivos que caracterizam a maior cidade brasileira, destino anual de 15 milhões de visitantes. Centro financeiro, gastronômico e cultural do Brasil, capital das inovações criativas, polo disseminador das tendências, São Paulo acolhe a todos, indistintamente. Hoje, a cidade é o maior destino turístico do Brasil. De forma prática, São Paulo recebe por ano a sua população em volume de visitantes, o que significa uma grande pressão sobre sua infraestrutura e, ao mesmo tempo, a entrada de recursos que movimenta sua economia, fortemente baseada em comércio e serviços. Isso demanda do gestor público, em suas diversas áreas de atuação, a inclusão do turismo como pauta na definição de suas estratégias (PLATUM, 2015, p. 6).

Figura 3.19 A Avenida Paulista é um dos principais centros financeiros, gastronômicos e culturais de São Paulo.

De acordo com o Platum (2015-2018), a atividade turística da cidade de São Paulo se estrutura em quatro eixos:

- consolidação do turismo na cidade;
- educação para o turismo;
- busca da excelência na experiência turística;
- promoção do destino.

Diferentemente de outras regiões, o turismo na cidade de São Paulo não é aquele praticado em períodos em que as pessoas estão de férias. A cidade é uma referência econômica e financeira e também um dos principais polos de eventos de negócios, cultura, gastronomia, lazer e entretenimento.

Dados e pesquisas recentes realizadas pelo Observatório do Turismo e Eventos da Cidade de São Paulo, demonstram a importância da atividade turística desenvolvida na cidade de São Paulo:

Figura 3.20 Dados sobre o turismo na cidade de São Paulo.

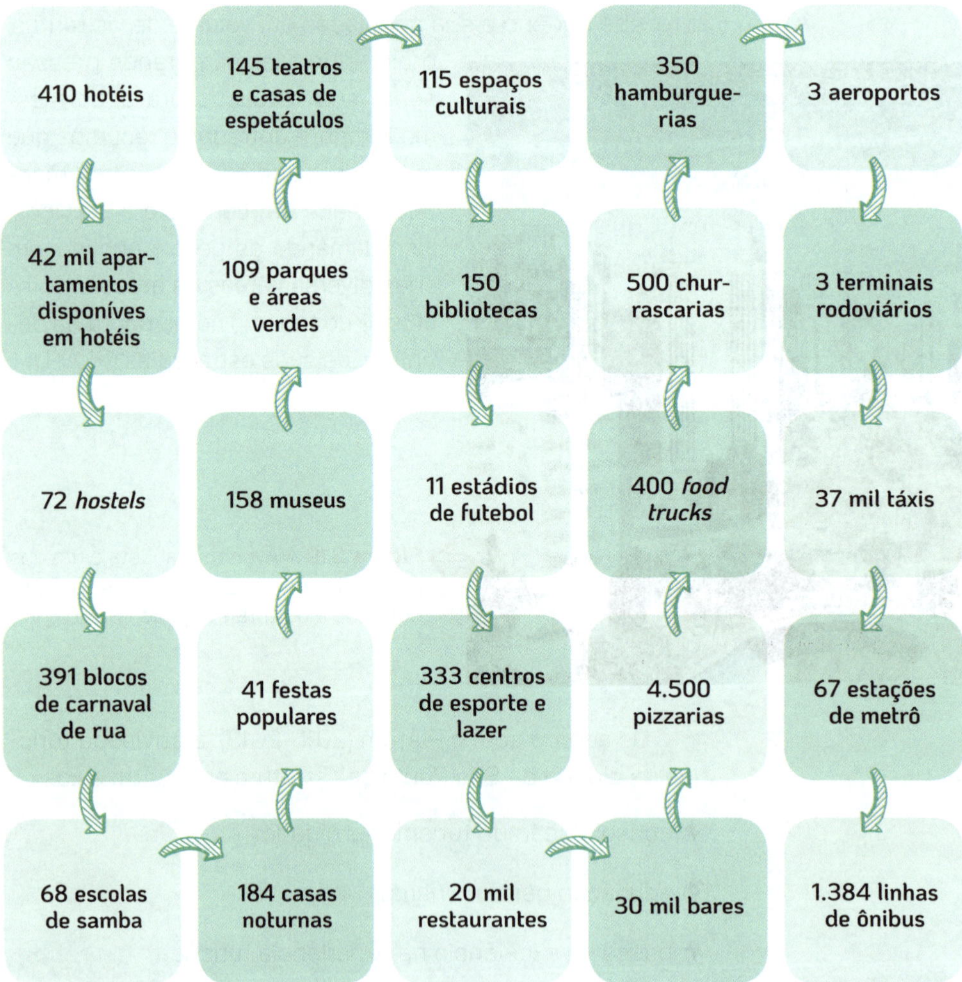

Fonte: adaptado de Platum (2015-2018).

Dados que consolidam a cidade de São Paulo como destino turístico de lazer, entretenimento e turismo de negócios (Platum 2015-2018):

- São Paulo é o maior centro financeiro da América Latina.
- As feiras de negócios geram 16,3 bilhões em impacto econômico/ano, sendo 9 bilhões em investimentos feitos pelos promotores, montadores e expositores e 7,3 bilhões em recursos gerados nos setores de hospedagem, compras, transporte aéreo, terrestre, lazer e alimentação.
- Sedia 75% das grandes feiras do país, por onde circulam 4,3 milhões de pessoas, entre profissionais e compradores.
- São Paulo tem diversos espaços reinventados que transformam a cidade: Museu Aberto de Arte Urbana, becos do Batman e do Aprendiz, Catavento Cultural, Museu da Língua Portuguesa, Parque da Juventude, Praça Victor Civita, Baixo Augusta, Praça das Artes, Museu Afro, Museu do Futebol, entre outros.

Figura 3.21 Museu de Artes de São Paulo (Masp), localizado na Avenida Paulista.

- Sedia uma das maiores paradas LGBT do mundo e a Marcha para Jesus, o maior evento evangélico do país, que reúne mais de 2 milhões de féis por edição.

- É palco de grandes shows internacionais que atrai milhares de turistas. De 2011 a 2014, passaram pela cidade: Bon Jovi, Guns n' Roses, U2, Pearl Jam, André Rieu, Paul McCartney, Justin Bieber, Red Hot Chilli Peppers, Britney Spears, Lady Gaga, Ringo Starr, Shakira, Elton John, Kiss, Queens of the Stone Age, Miley Cyrus, Michael Bublé, Foo Fighters, Demi Lovato, Iron Maiden, Justin Timberlake, entre outros.

- É a cidade brasileira que mais recebe musicais e espetáculos internacionais. Já foram apresentados na cidade: *Chicago, A Bela e a Fera, O Fantasma da Ópera, Les Misérables, Priscila, Mamma Mia, Rei Leão, Cats, O Mágico de Oz* e tantos outros.

- Recebe exposições nacionais e internacionais que atraem visitantes de todo o país. De 2011 a 2014, algumas de grande repercussão foram: *Corpos – A Exposição, Guerra e Paz – Cândido Portinari, Mestres do Renascimento – Obras Primas Italianas, Esplendores do Vaticano: Uma Jornada através da Fé e da Arte, Stanley Kubrick, David Bowie Is, A Magia de Miró, Mayas: revelação de um tempo sem fim, Yayoi Kusama: Obsessão Infinita, Castelo Rá-Tim-Bum, Arte no Brasil: uma história do Modernismo, A Ópera da Lua – OSGEMEOS, Salvador Dali, Ron Muek – hiper-realismo.*

- Sede também de outros eventos esportivos importantes: Fórmula 1, UFC, Fórmula Truck, Stock Car, Maratona Internacional de São Paulo, Corrida Internacional de São Silvestre, Brasil Open de Tênis, entre outros.

- Sua população se apropria das ruas em festas populares, como a Virada Cultural, que atrai 4 milhões de pessoas, e o Carnaval de rua, com 302 blocos, além dos desfiles no Sambódromo, do Anhembi, que reúne 68 escolas de samba, 14 delas do Grupo Especial.

- A cidade estimula a vida ao ar livre: possui ciclovias, ciclofaixas, ciclorrotas e ciclofaixas de lazer.

Figura 3.22 São Paulo conta com 498,3 km de vias com tratamento cicloviário permanente.

- Sua população se apropria das ruas em festas populares, como a Virada Cultural, que atrai 4 milhões de pessoas, e o Carnaval de rua, com 302 blocos, além dos desfiles no Sambódromo, do Anhembi, que reúne 68 escolas de samba, 14 delas do Grupo Especial.

- A cidade é pioneira no Brasil em comida de rua *gourmet* com seus *food trucks, food bikes, food parks*, feirinhas gastronômicas. São mais de 700 pontos autorizados de venda de comida na rua.
- Oferece *tours* gastronômicos: roteiros por docerias finas, bares de cervejas especiais, cafés diferenciados.
- Segundo a *Restaurant* 2014, dentre os 50 melhores restaurantes da América Latina, seis estão em São Paulo: D.O.M., Maní, Mocotó, Epice, Attimo e Fasano.
- São Paulo tem, ainda, a maior zona de comércio popular do país, a Rua 25 de Março e adjacências, por onde passam 400 mil pessoas por dia.

3.6 POLÍTICAS PÚBLICAS EM TURISMO

As políticas públicas são instrumentos norteadores que, quando de sua concepção, elaboração, implementação, monitoração e constante avaliação, poderá ser capaz de promover um melhor e igual desenvolvimento social e econômico para todas as camadas da sociedade. Do ponto de vista histórico, as políticas públicas estão associadas ao estado e às suas agências provedoras de bem-estar social.

Mas, enfim, o que significa políticas públicas em turismo?

A construção do significado e da importância das políticas públicas em turismo se dará primeiramente pelo levantamento de outros conceitos, como:

Figura 3.23 Conceitos básicos para a compreensão de políticas públicas.

Fonte: elaborado pelos autores.

O segundo passo neste processo de aprendizagem sobre políticas públicas em turismo é conhecer um pouco mais sobre os principais fatos históricos que representam uma cronologia na formação do turismo brasileiro. De forma sistematizada, o MTur apresenta os principais fatos históricos:

Figura 3.24 Fatos históricos que antecederam o surgimento do Ministério do Turismo.

1937 • 1945 – As poucas políticas indiretamente relacionadas ao turismo destinavam-se à proteção dos bens históricos e artísticos nacionais e à fiscalização de agências e vendas de passagens.

1938 – Segundo Joandre Antonio Ferraz, em *Regime Jurídico do Turismo*, a primeira menção à atividade legal do turismo no Brasil ocorreu através do Decreto-Lei nº 406, de 4 de maio de 1938, que dispunha sobre a entrada de estrangeiros em território nacional.

1946 • 1947 – O turismo ficou sob responsabilidade do Ministério da Justiça e Negócios.

1946 – Proibição dos jogos de azar no Brasil. Os principais cassinos eram o Copacabana, Urca e Atlântico, no Rio de Janeiro; Icaraí, em Niterói; Quitandinha, em Petrópolis; Atlântico e Balneário, em Santos; Pampulha, em Belo Horizonte; Grande Hotel, em Recife; e Central, em Salvador.

1953 – Em 28 de dezembro, foi fundada, no Rio de Janeiro, a Associação Brasileira de Agentes de Viagens (Abav). Posteriormente, outras Abavs foram estruturadas em cada estado da federação.

1958 – O Decreto-Lei nº 44.865 criou a Comissão Brasileira de Turismo (Combratur), extinta em fevereiro de 1972 pelo Decreto-Lei nº 572.

1966 – O Decreto-Lei nº 55, de 18 de novembro, definiu a Política Nacional de Turismo, criou o Conselho Nacional de Turismo e a Empresa Brasileira de Turismo (Embratur). O Decreto nº 58.483, de 23 de maio, regulamentou as agências de viagens e turismo.

1971 – Surgiram as primeiras preocupações com a formação profissional em turismo. Neste ano, foi criada a Faculdade de Turismo do Morumbi, em São Paulo, pioneira no ensino superior de Turismo no país. Criação de incentivos fiscais, como o Fundo Geral do Turismo (Fungetur) (Decreto-Lei nº 1.191, de 27 de outubro).

1980

Decreto-Lei nº 84.451, de 11 de março, deu nova regulamentação ao passaporte brasileiro e extinguiu o visto de saída. O visto de saída era uma medida do regime militar. Além do passaporte válido por quatro anos, o cidadão precisava tirar um visto a cada seis meses para que o governo tivesse um controle rigoroso de quem deixaria o país.

1985 • 1986

Liberação do mercado para o exercício e a exploração de atividades turísticas e consequente redução da clandestinidade e aumento do número de agências registradas. Estímulo à criação de albergues da juventude, um meio econômico de hospedagem.

1988

O turismo foi citado na Constituição brasileira em seu art. 180, no qual se atribuíram responsabilidades iguais a todos os níveis governamentais da área.

1990

O turismo internacional cresceu a índices superiores a 5% ao ano. Foi uma das áreas em maior expansão no mundo, e essa demanda chegou ao Brasil.

1992

O turismo passou a ser de responsabilidade do Ministério da Indústria, Comércio e Turismo. Apresentado o Plano Nacional de Turismo. Criado o Programa de Desenvolvimento do Turismo. Criado o Programa de Desenvolvimento do Turismo no Nordeste (Prodetur/NE).

1994

Publicação das Diretrizes para uma Política Nacional de Ecoturismo pela Embratur e Ministério do Meio Ambiente. Lançado, em agosto, o Programa Nacional de Municipalização do Turismo (PNMT).

1995 • 1996

Surgiram centenas de cursos de turismo, hotelaria, lazer, eventos e gastronomia para suprir a demanda de qualificação profissional. A Embratur embasou a política nacional de turismo com argumentos e projetos mais bem definidos e profissionalizados.

1996 • 2002

Criado o Ministério do Esporte e Turismo. Apresentação da nova política Nacional de Turismo 1996-1999, com dez objetivos estratégicos. Flexibilização da legislação, resultando na queda das tarifas aéreas e na autorização de cruzeiros com navios de bandeiras estrangeiras na costa brasileira.

1997

Fortalecimento do Plano Real.

2003

Criado o Ministério do Turismo. Desenvolvimento do Plano Nacional de Turismo 2003/2007.

Fonte: adaptado de Brasil (2009).

As políticas públicas, o planejamento e a gestão são fundamentais para o desenvolvimento da atividade turística no país.

Recordando alguns pontos sobre os impactos positivos gerados pela atividade no turismo, temos:

- geração de novas oportunidades de emprego;
- geração de oferta de divisas nacionais e internacionais;
- fomentação de um maior produto bruto nacional;
- equilíbrio das balanças financeiras (aumento de arrecadações de impostos e taxas);
- diversificação das economias municipal, regional, estadual e nacional;
- criação de uma imagem positiva dos destinos turísticos.

Na sociedade moderna, a gestão das políticas públicas tem passado por novos processos, em que o estado responsável pelo bem coletivo e de satisfazer as diversas demandas da sociedade passa a ser o articulador de programas e projetos que abrangem todos os campos da vida social.

Dessa forma, podemos compreender que as políticas públicas deverão estabelecer as diretrizes orientadoras utilizando-se de gestão e planejamento de estratégias, identificação de necessidades e os principais impactos (positivos ou negativos) que possam ocorrer na atividade turística.

As políticas públicas em turismo devem ter objetivos e metas bem definidos para que promovam um maior desenvolvimento da atividade nas regiões turísticas, propiciando maiores benefícios e minimizando os impactos negativos nas localidades receptoras.

De acordo com MTur (BRASIL, 2009):

> As políticas públicas são direcionadas pelo Governo Federal, Estadual, Municipal ou Regional para o desenvolvimento da atividade turística, após ter consultado os representantes do setor turístico e da sociedade. Tal direcionamento está expresso em documento denominado Plano de Turismo e nos

> demais documentos das esferas governamentais. Deve levar em consideração, especialmente, quatro grandes vertentes – quais sejam: a social, a cultural, a econômica e a ambiental – e buscar desenvolver o setor de maneira holística, analisando e valorizando com a atenção necessária cada um dos componentes do sistema turístico nacional ao qual será aplicado. (BRASIL, 2009, p. 289)

No caso do Brasil, optou-se pelo desenvolvimento de um Ministério do Turismo com uma gestão descentralizadora e por uma política de turismo de inclusão e sustentabilidade.

Já que estamos falando sobre organização política, você sabe como o Brasil está organizado politicamente?

De acordo com os dados do MTur, a República Federativa do Brasil é composta por 26 estados, um Distrito Federal, sendo os estados compostos por municípios. O Brasil adota o "Pacto Federativo", no qual as questões públicas são administradas por repartições de competências entre os estados, o Distrito Federal e os municípios. Assim, se estabelece uma organização descentralizada administrativa e política, em que os envolvidos devem observar e seguir a Constituição Federal.

Com essa breve explicação, fica clara a forma de atuação do Ministério do Turismo como gestor de políticas públicas e planejamento. O MTur surgiu em 2003 como uma necessidade e exigência dos setores empresarial, acadêmico e institucional para atender às demandas de mercado e desenvolver políticas exclusivas para esses setores. Com a criação do MTur, algumas mudanças ocorreram na sua estrutura organizacional: a Embratur (Instituto Brasileiro de Turismo) foi direcionada para promoção e marketing do produto turístico brasileiro no exterior; a Secretaria Nacional de Políticas de Turismo ficou responsável pelo planejamento e pela articulação da atividade turística em nível nacional; a Secretaria Nacional de Programas de Desenvolvimento do Turismo ficou responsável pela implantação de infraestrutura turística e pelo Conselho Nacional de Turismo, sendo este composto por representantes da sociedade (entidades públicas, privadas e do Terceiro Setor).

Figura 3.25 Organograma do Ministério do Turismo.

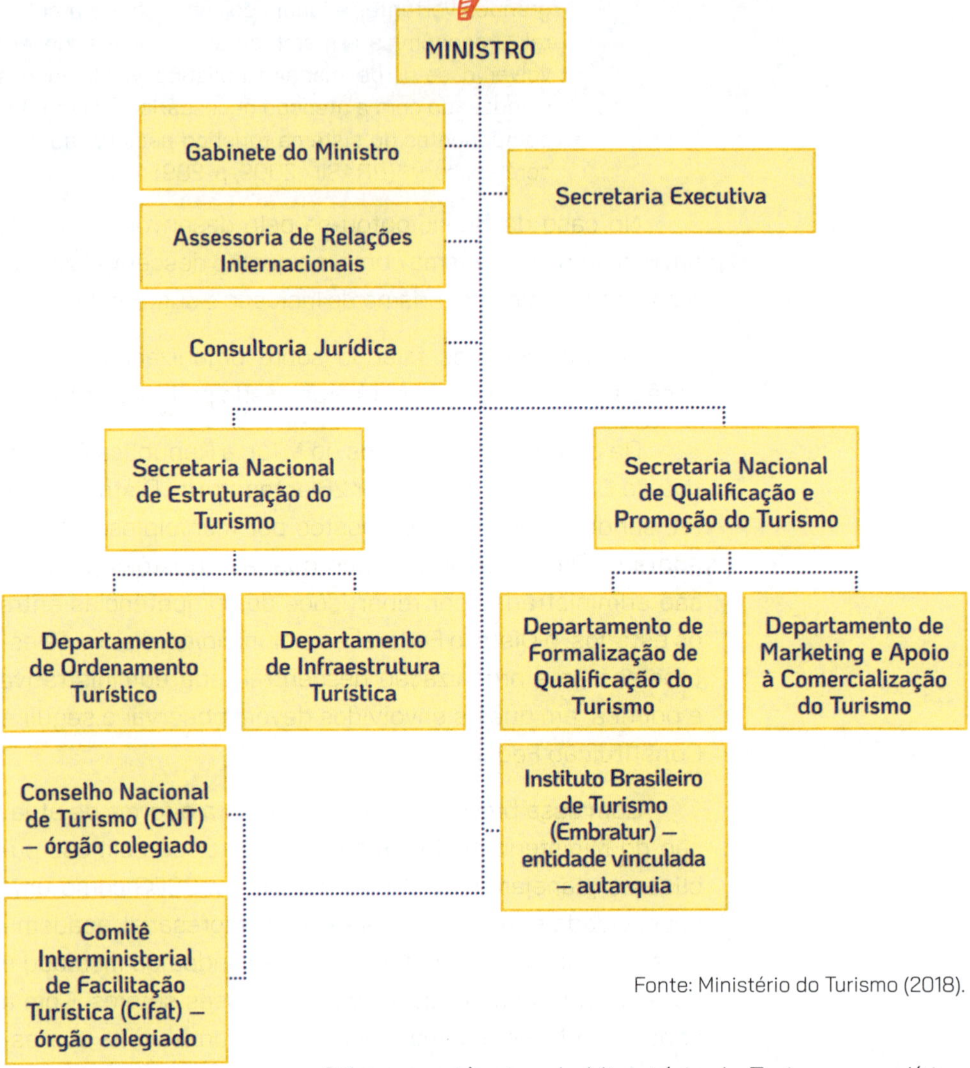

Fonte: Ministério do Turismo (2018).

São competências do Ministério do Turismo: a política nacional do turismo; a promoção e a divulgação institucional do turismo nacional, no país e no exterior; o estímulo às iniciativas públicas e privadas de incentivo às atividades turísticas; o planejamento, a coordenação, o monitoramento e a avaliação dos planos e dos programas de incentivo ao turismo; a gestão do Fundo Geral de Turismo (Fungetur); e o estímulo à formalização, à certificação e à classificação das atividades, dos empreendimentos e dos equipamentos dos prestadores de serviços turísticos.

De acordo com Plano Nacional de Turismo (PNT) 2013/2016,

> Desde a criação do Ministério do Turismo e a reativação do Conselho Nacional de Turismo, em 2003, a atividade nessa área vem ganhando o devido reconhecimento como um importante vetor de desenvolvimento socioeconômico. Institucionalmente, isso se reflete na credibilidade que o Ministério do Turismo tem obtido na formulação e na implementação das políticas para o setor, em um processo aberto e democrático decorrente da proposta de gestão descentralizada. A elaboração do Plano Nacional de Turismo, nas edições de 2003-2007 e 2007-2010, contou com a ampla participação dos segmentos representativos que integram o Sistema Nacional de Turismo, segundo um formato de trabalho conjunto que privilegiou momentos de reflexão, no Ministério do Turismo e no Conselho Nacional de Turismo, sobre as perspectivas e proposições para o desenvolvimento da atividade. A gestão descentralizada, entendida como uma estratégia necessária para implementar a política e o Plano Nacional de Turismo, tem permitido somar esforços e recursos, além de reunir talentos em favor da atividade turística, envolvendo, direta e indiretamente, instituições públicas e privadas vinculadas ao setor em todo o país. Ainda que se tenha institucionalizado essa rede de cooperação representada pelo Sistema Nacional de Turismo, é necessário avançar no apoio às ações que promovam a organização e a integração institucional, motivando a participação e a ampliação da representatividade dos agentes produtivos nas diferentes instâncias de governança que integram o modelo de gestão descentralizada. (BRASIL, 2013, p. 43)

As diretrizes que orientam o PNT (2018-2022) são:

- geração de oportunidades de emprego e empreendedorismo;
- participação e diálogo com a sociedade;
- incentivo à inovação e ao conhecimento;
- regionalização.

Além das diretrizes que orientam o PNT (2018-2022) e com base nos diagnósticos favoráveis de desenvolvimento do setor, podem-se considerar os objetivos a ser alcançados: preparar o turismo brasileiro para os megaeventos; incrementar a geração de divisas e a chegada de turistas estrangeiros; incentivar o brasileiro a viajar pelo Brasil, melhorar a qualidade e aumentar a competitividade do turismo brasileiro.

Aliados aos objetivos e às diretrizes do PNT (2018-2022), estabeleceram-se as metas para o crescimento e o desenvolvimentos do turismo no país:

Figura 3.26 Metas do Plano Nacional de Turismo.

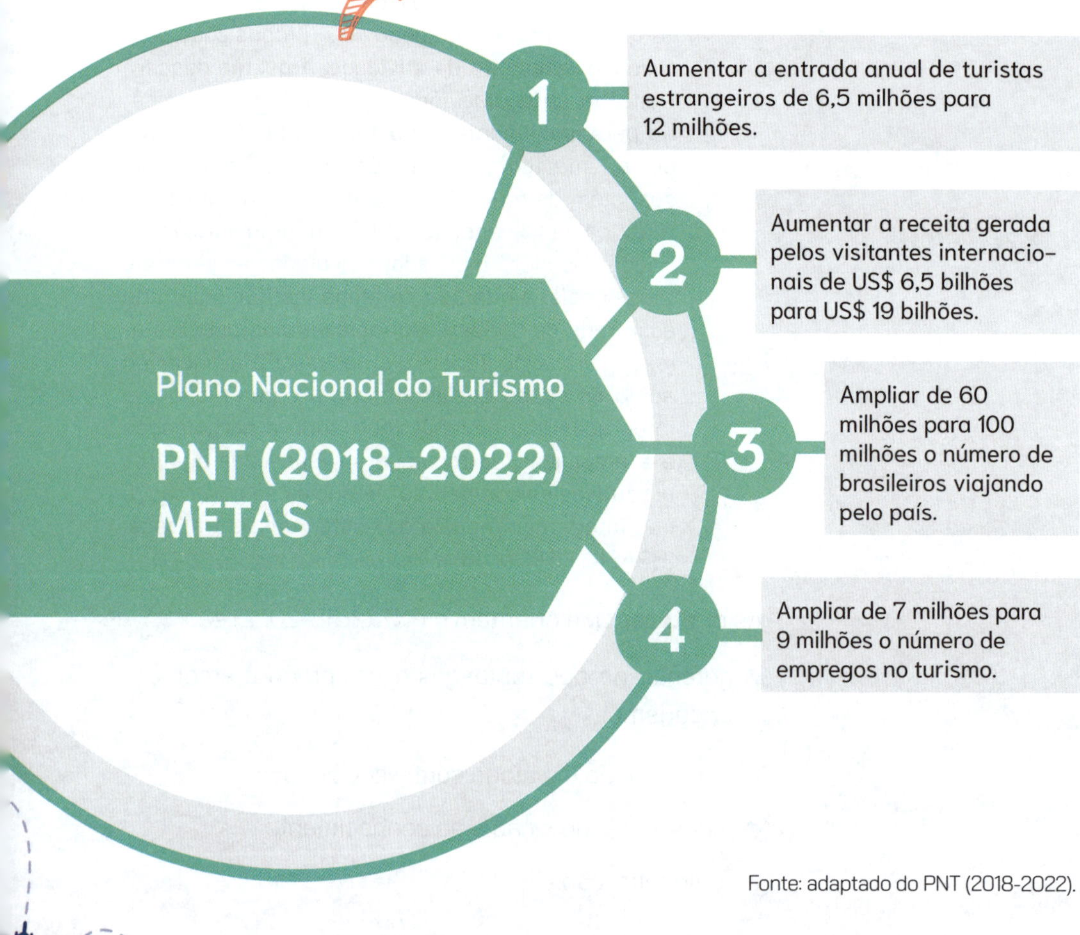

Fonte: adaptado do PNT (2018-2022).

E, por fim, o Plano Nacional de Turismo apresenta um conjunto de ações estratégicas que serão apoiadas e fomentadas pelo Ministério do Turismo em cooperação com os demais setores e atores da atividade turística do país.

Quadro 3.9 Linhas de atuação do Plano Nacional de Turismo (2018-2022)

ORDENAMENTO, GESTÃO E MONITORAMENTO
→ Fortalecer a gestão descentralizada do turismo.
→ Ampliar e aprimorar estudos e pesquisas em turismo.
→ Fortalecer e aperfeiçoar o monitoramento da atividade turística no país.
ESTRUTURAÇÃO DO TURISMO BRASILEIRO
→ Melhorar a infraestrutura nos destinos e nas regiões turísticas brasileiras.
→ Aprimorar a oferta turística nacional.
FORMALIZAÇÃO E QUALIFICAÇÃO NO TURISMO
→ Ampliar a formalização dos prestadores de serviços turísticos
PROMOVER OS PRODUTOS TURÍSTICOS
→ Estimular a adoção de práticas sustentáveis no setor turístico.
→ Promover a integração da produção local à cadeia produtiva do turismo e o desenvolvimento do Turismo de Base Local.
→ Possibilitar o acesso democrático de públicos prioritários à atividade turística.
→ Intensificar o combate à violação dos direitos de crianças e adolescentes no turismo.
MARKETING E APOIO À COMERCIALIZAÇÃO
→ Incrementar a promoção nacional e internacional de destinos e produtos turísticos brasileiros.

Fonte: adaptado do PNT (2018-2022)..

Considerações finais

Neste capítulo, foram apresentadas diversas definições sobre roteiros turísticos e a sua importância para o desenvolvimento do turismo regional. Um roteiro bem formatado e planejado reúne diversos elementos do turismo que representam ou que melhor se destacam em uma região. A atratividade do roteiro está intrinsicamente ligada à imagem do local e aos seus atrativos históricos, naturais, culturais, religiosos, gastronômicos, folclóricos, arquitetônicos, entre outros. Esses elementos são fundamentais para a composição do roteiro turístico de uma localidade, o qual será o motivador para o deslocamento de pessoas para a região. Além de interligar os atrativos da região, o roteiro turístico também tem como objetivo a geração de divisas, a divulgação de atrativos menos conhecidos, o fortalecimento regional do turismo, a divulgação do destino, o aumento de demanda, entre outros aspectos. Para a elaboração do roteiro turístico é importante não apenas conhecer os atrativos locais, mas compreender o funcionamento da atividade turística: demanda, oferta, mercado, segmentação e produto turístico. Outra abordagem importante deste capítulo foi a compreensão dos fundamentos das políticas públicas nacionais e o desenvolvimento da gestão da atividade turística no Brasil. O sucesso do desenvolvimento do turismo no país se dará por meio de uma cooperação que envolve o setor público (representado pelo Ministério do Turismo, pelas Secretarias Estaduais e Municipais de Turismo e pelos órgãos e conselhos de turismo), o setor privado (representado pelos investidores e gestores do turismo nas mais diversas modalidades: meios de hospedagem, lazer, transporte, alimentação, entre outras) e pela comunidade (representado pelos residentes de cada região).

PARA REFLETIR

1. Apresente as diferenças entre rota, roteiro e roteirização turística.
2. Verifique em seu município quais são os atrativos naturais, os atrativos culturais, as atividades econômicas, as realizações técnicas, científicas e artísticas e os eventos programados (consulte o Quadro 3.5 – Categorias de atrativos turísticos). Faça uma lista relacionando o atrativo turístico local com as respectivas categorias.
3. Avaliação e hierarquização do atrativo turístico:

   Etapa 1 – Utilize a sua lista de pesquisa desenvolvida no exercício 2.
   Etapa 2 – Use o Quadro 3.6 para classificar cada atrativo da sua lista de pesquisa.
   Etapa 3 – Desenvolva a sua hierarquização de atrativos turísticos locais, usando como base o Quadro 3.7.

CAPÍTULO 4

Turismo e suas Possibilidades

Objetivos da aprendizagem

Neste capítulo, aprenderemos sobre a versatilidade e algumas das possibilidades de tendências do turismo. A atividade turística no Brasil possui características e diversidades que constituem elementos únicos encontrados em um mesmo país. No Brasil, é possível encontrarmos uma enorme diversidade de recursos culturais, naturais, religiosos, arquitetônicos, urbanísticos, gastronômicos, entre outros que possibilitam o desenvolvimento de novos nichos de segmentação turística. Em uma mesma região, é possível verificar o turismo de sol e praia, turismo de aventura, turismo de lazer e turismo de base comunitária. Este capítulo apresentará novos nichos de mercado, tendências e inovações no turismo e também o desenvolvimento do turismo virtual, uma modalidade crescente e de novas experiências turísticas.

Nos últimos anos, tem-se observado uma considerável mudança no comportamento do consumidor de turismo, bem como em suas demandas e necessidades, o que tem tornado suas escolhas cada vez mais refinadas e, de certo modo, individualizadas, personalizadas. De olho nesse novo perfil de turista, é fundamental que os profissionais do mercado reconheçam que as tendências de consumo são uma oportunidade real de desenvolvimento e crescimento, tanto para os principais *players* desse mercado como para aqueles segmentos indiretamente afetados pelo turismo.

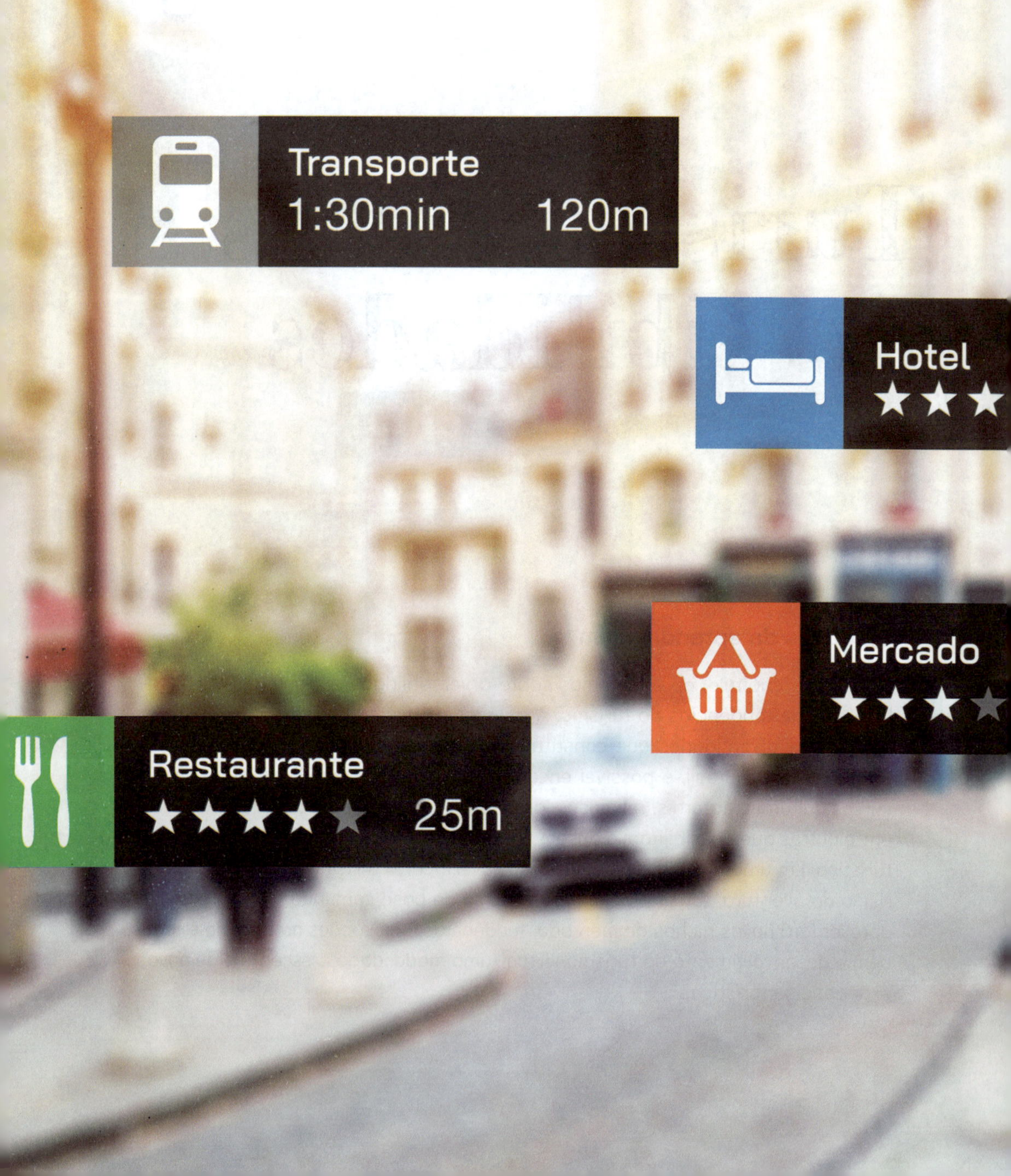

40m
Transporte
1:30min 120m
Hotel
40m
Restaurante
25m
Mercado
30m

4.1 NOVOS NICHOS DE MERCADO

As constantes mudanças no cenário global que afetam a economia, a política, a educação, a tecnologia, a cultura e a sociedade desenvolvem novas formas de consumo e consumidores, novos produtos e novos nichos de mercado. O mundo globalizado imprime um ritmo veloz de evolução, em que o mercado, cada vez mais competitivo, busca o diferencial, a inovação e a criatividade para atender às necessidades atuais e futuras dos desejos dos consumidores.

O setor de prestação de serviços é uma dessas áreas em que a evolução e as transformações são quase diárias e necessárias para atender consumidores exigentes e cada vez mais experimentados. Com o turismo, a situação não é diferente: a globalização permitiu a abertura de fronteiras e a possibilidade de conhecer novas localidades, atrativos naturais e culturais, formas de se praticar a hospitalidade e a busca pela qualidade na prestação de serviços.

Neste capítulo, veremos algumas possibilidades em que o turismo se desenvolve para atender seus diversos consumidores. Para Carvalho e Vasconcelos (2006, p. 4), é importante equilibrar a escassez dos recursos com as necessidades ilimitadas do homem.

Na atividade turística é importante ressaltar que o seu desenvolvimento e o fomento de novas localidades e produtos estejam interligados com a busca constante pela qualidade da prestação de serviços, a satisfação (estado hedonístico) e o bem-estar do consumidor.

Nos Capítulos 1, 2 e 3 observam-se considerações e conceitos importantes sobre o turismo. Assim, o conceito aqui apresentado relaciona-se com aspectos importantes de mercado e economia da atividade turística.

De acordo com Beni (2002), o turismo conceitua-se como um elaborado e complexo processo de decisão sobre o que visitar, o local a ser visitado, o acesso ao local visitado e o valor pago por essa visita. O autor ainda afirma:

> Nesse processo intervêm inúmeros fatores de realização pessoal e social, de natureza motivacional, econômica, cultural, ecológica e científica que ditam escolha dos destinos, a permanência, os meios de transporte e o alojamento, bem como o objetivo da viagem em si para a fricção tanto material como subjetiva dos conteúdos de sonhos, desejos, de imaginação projetiva, de enriquecimento existencial histórico-humorístico, profissional, e de expansão de negócios. (BENI, 2002, p. 37)

O processo de globalização e desenvolvimento rápido impulsiona cada vez mais o crescimento do turismo no Brasil. Na intensidade com que se desenvolve a atividade turística no país, observam-se o surgimento e o progresso de novas modalidades.

4.2 NOVOS OLHARES

O comportamento e as necessidades do consumidor de turismo vêm mudando e refinando suas escolhas. São ofertas e produtos turísticos desenvolvidos e adaptados para atenderem às preferências e aos desejos dos turistas. Por consequência deste processo, reconhecer as tendências do consumo turístico é uma possibilidade real de oportunidade, desenvolvimento e crescimento. Compreender de fato as características do destino turístico (oferta, demanda, produto e mercado) é essencial para que se desenvolvam futuras estratégias de fomento e comercialização do destino e dos produtos turísticos.

De acordo com o Ministério do Turismo, existem quatro elementos básicos que compõem o mercado turístico:

Figura 4.1 Algumas regiões, como Norte e Nordeste, têm alta demanda de trabalhos artesanais por parte dos turistas.

1. **Demanda:** formada por um conjunto de consumidores, ou potenciais consumidores, de bens e serviços turísticos.
2. **Oferta:** composta pelo conjunto de produtos, serviços e organizações envolvidas ativamente na experiência turística.

3. **Espaço geográfico:** base física na qual tem lugar a conjunção ou o encontro entre a oferta e a demanda e em que se situa a população residente (que, se não é em si mesma um elemento turístico, é considerada um importante fator de coesão ou desagregação no planejamento turístico).
4. **Operadores de mercado:** empresas e instituições cuja principal função é facilitar a inter-relação entre a demanda e a oferta. São as operadoras de turismo e as agências de viagens, empresas de transporte regular, órgãos públicos e privados que organizam ou promovem o turismo.

APROFUNDE SEUS CONHECIMENTOS

Para conhecer mais sobre segmentação do turismo e mercado turístico, acesse o caderno e os manuais de segmentação do Ministério do Turismo disponíveis em: <http://www.turismo.gov.br/assuntos/5292-caderno-e-manuais-de-segmenta%C3%A7%C3%A3o.html>. Acesso em: 29 jan. 2019.

Ainda de acordo com o Ministério do Turismo (BRASIL, 2010, p. 74), é necessário entender quais os segmentos de oferta turística podem ser trabalhados na localidade, considerando as suas potencialidades e vocações.

Em 2006, o Ministério do Turismo definiu de forma prioritária segmentos turísticos importantes para o desenvolvimento da atividade no país:

- turismo cultural;
- turismo rural;
- turismo de pesca;
- ecoturismo;
- turismo de aventura;
- turismo náutico;
- turismo de estudos e intercâmbio;
- turismo de esportes;

- turismo de negócios e eventos;
- turismo de sol e praia;
- turismo de saúde.

Ao olhar para a indústria criativa e inovadora do Turismo, percebe-se que existem outros nichos de mercados que estão surgindo e alguns até consolidados como um produto diferenciado e atrativo.

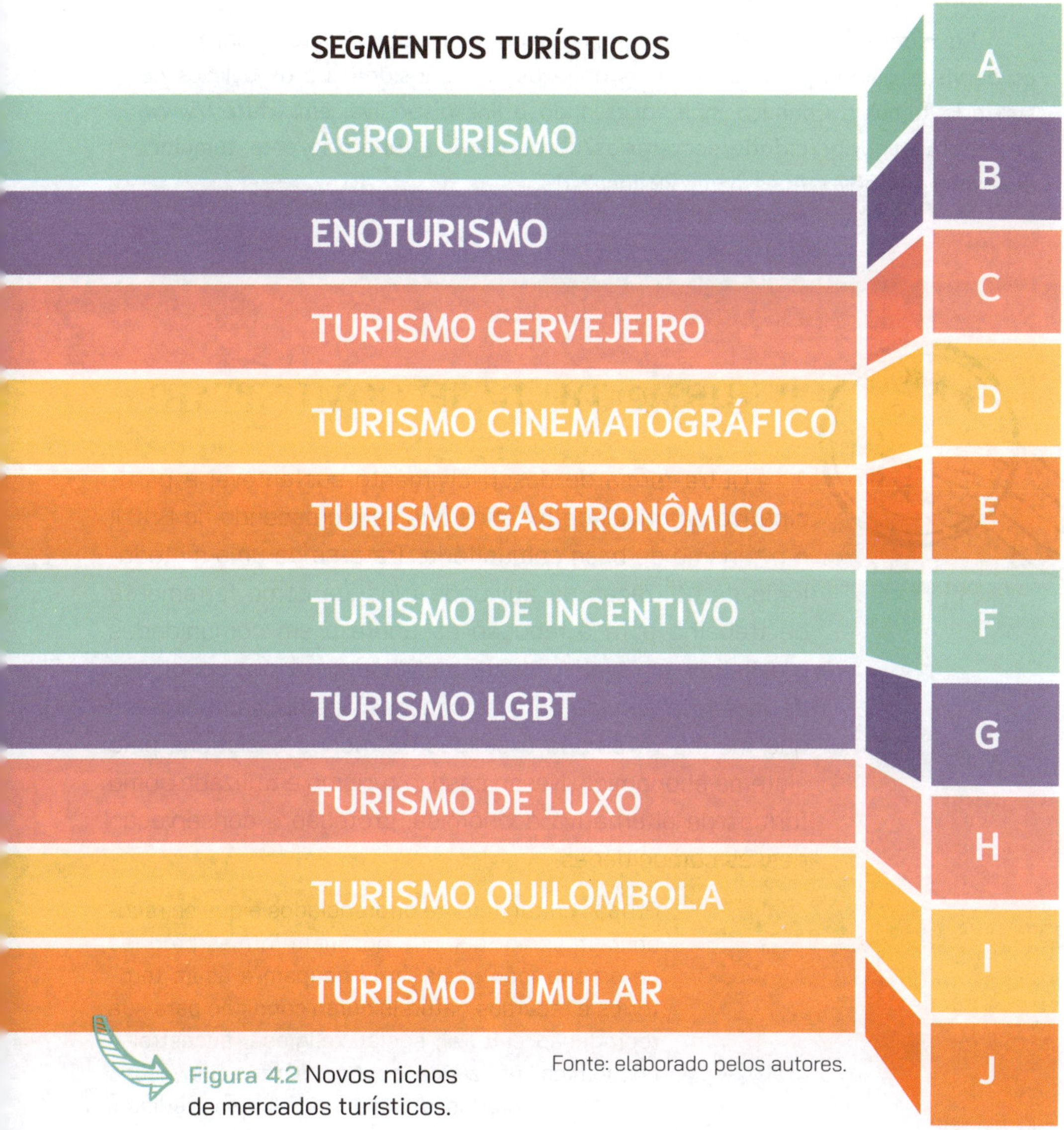

Figura 4.2 Novos nichos de mercados turísticos.

Fonte: elaborado pelos autores.

APROFUNDE SEUS CONHECIMENTOS

Turismo tumular é o segmento turístico que tem como objetivo a exploração artística, arquitetônica e cultural dentro de cemitérios. Atualmente, muitos cemitérios tornaram-se museus a céu aberto que possuem patrimônios materiais e imateriais (vejam o conceito no Capítulo 2).

Verifique se em sua cidade o(s) cemitério(s) agregam valores históricos por causa de sua localidade, se abrigam obras de artes de renomados artistas ou se existem restos mortais de personalidades importantes para a história.

Na cidade de São Paulo, o Cemitério da Consolação oferece um serviço de visita guiada para conhecer as riquezas, as curiosidades e as belezas de sua arte tumular. Conheça mais, acessando o link disponível em: <http://www.prefeitura.sp.gov.br/cidade/secretarias/obras/servico_funerario/arte_tumular/index.php?p=3560>. Acesso em: 29 jan. 2019.

4.3 TURISMO DE BASE COMUNITÁRIA

Outra forma de desenvolvimento sustentável e participativo da atividade turística que vem crescendo no Brasil é o turismo de base comunitária. Trata-se de uma metodologia de utilização da atividade turística como ferramenta de trabalho para a redução da pobreza em comunidades brasileiras. O objetivo desta metodologia é dar condições de melhoria de vida para as pessoas dessas comunidades que muitas vezes são excluídas ou menos assistidas pelo sistema econômico. Nesse caso, o turismo é utilizado como formas de alternativa econômica, proteção e conservação dessas comunidades.

> Grupos culturalmente diferenciados e que se reconhecem como tais, que possuem formas próprias de organização social, que ocupam e usam territórios e recursos naturais como condição para sua reprodução cultural, social, religiosa, ancestral e econômica, utilizando conhecimentos, inovações e práticas gerados e transmitidos pela tradição. (BRASIL, 2007)

No turismo de base comunitária, a atividade turística é desenvolvida e gerida pela própria comunidade. De forma associativa e solidária, a comunidade assume o desenvolvimento do projeto local e da exploração econômica e turística da localidade, colocando como base o princípio da sustentabilidade social, cultural, econômica e ambiental.

No Brasil, podemos observar as seguintes comunidades que oferecem roteiros turísticos:

Figura 4.3 Desenvolvimento do turismo nas comunidades.

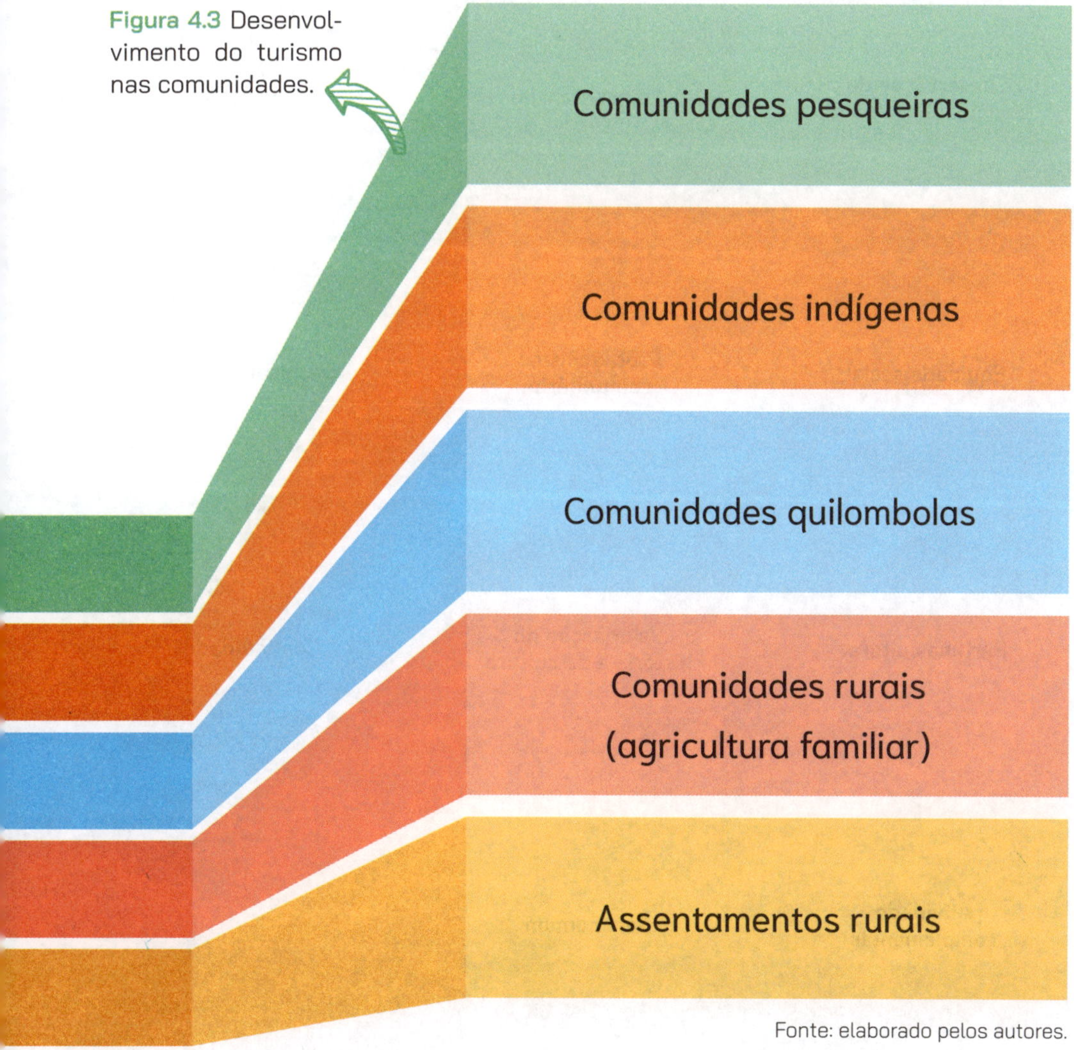

Fonte: elaborado pelos autores.

Podemos compreender que:

> Turismo de Base Comunitária é um modelo de gestão da visitação protagonizado pela comunidade, gerando benefícios coletivos, promovendo a vivência intercultural, a qualidade de vida, a valorização da história e da cultura dessas populações, bem como a utilização sustentável para fins recreativos e educativos, dos recursos da Unidade de Conservação. (ICMBIO, 2017, p. 10)

Figura 4.4 Princípios do turismo de base comunitária.

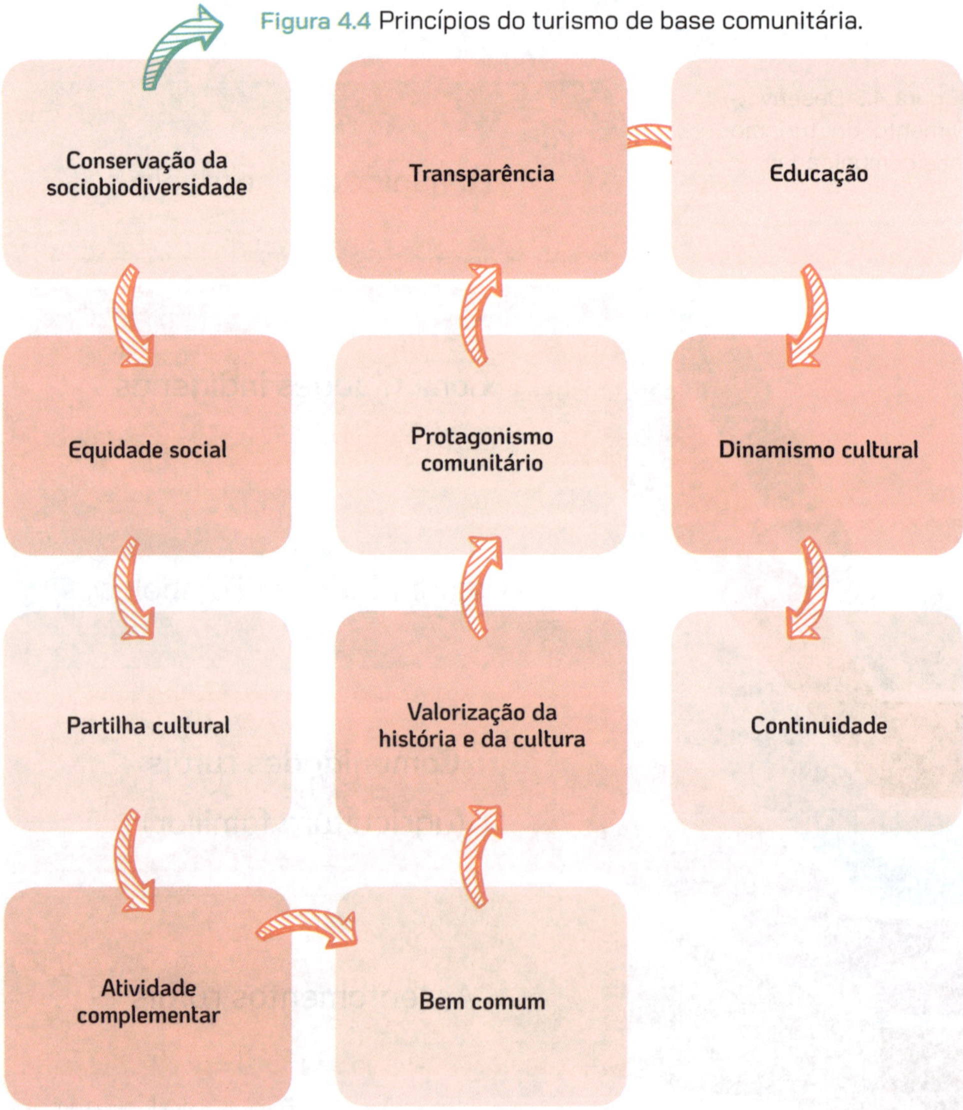

Fonte: elaborado pelos autores.

4.4

TURISMO VIRTUAL

A atividade do turismo tornou-se uma economia bastante atrativa para diversos países. Explorar uma riqueza natural e cultural torna-se cada vez mais uma alternativa, uma captação de receita global. Aliado ao crescimento econômico do turismo, percebe-se que os consumidores apresentam cada vez mais uma seletividade pelos serviços e produtos contratados, valorizando as experiências que serão adquiridas através da atividade turística.

As pessoas que estão buscando novidades, novas experiências, novas realidades, novas culturas, novas vivências querem sensações, valores que incorporem emocionalmente suas visitas. Atento a essas novas necessidades, o turismo, assim como outros mercados, buscou na tecnologia e nas novas experiências virtuais desenvolver novos produtos serviços.

Hoje é possível praticar um *tour* virtual utilizando recursos de imagens em tempo real, vídeos com tecnologia 360°, fotos e imagens 3D. Todos esses recursos são usados de alguma forma para criar o impacto no consumidor e agregar experiência ao produto.

Figura 4.5 Visita virtual à Capela da Nonna, um dos espaços do Museu Candido Portinari.

O Google anunciou a nova versão do Google Earth, o seu serviço de exploração da Terra com base em imagens de satélite. O novo design do aplicativo coloca mais foco nas ferramentas de descoberta e exploração do serviço, transformando-o numa espécie de "guia turístico virtual. (SUMARES, 2017)

A comercialização turística do destino que antes era desenvolvida utilizando fôlderes, fotos, vídeos institucionais gravados em CD, hoje conta com recursos de realidade virtual que desperta no consumidor final uma curiosidade em conhecer e/ou adquirir os roteiros.

Tabela 4.1 Experiências turísticas virtuais

LOCALIDADE	SITE	DESCRIÇÃO (*TOUR* VIRTUAL)
Brasil	http://www.eravirtual.org/op/	Cidade de Ouro Preto
	https://www.museucasadeportinari.org.br/TOUR-VIRTUAL/	Museu da Casa de Portinari
	http://www.museudocafe.org.br/o-museu/tour-virtual/	Museu do Café
Espanha	http://www.salamancatourvirtual.es/	Cidade de Salamanca
Estados Unidos	https://naturalhistory2.si.edu/vt3/	Museu Americano de História Nacional
França	https://www.louvre.fr/en/visites-en-ligne	Museu do Louvre
	http://www.paris-26-gigapixels.com/index-en.html	Paris
Itália	http://www.vatican.va/various/cappelle/index_sistina_it.htm	Capela Sistina | Vaticano
República Tcheca	http://strahovskyklaster.pano3d.cz/	Monastério de Strahov
Sites diversos	https://www.360cities.net/	360cities (uma das maiores coleções do mundo de imagens e vídeos em 360°)
	http://www.airpano.com/	Airpano (vídeos e fotos em 360° de diversas localidades)
	https://artsandculture.google.com/	Google Arts e Culture (arte e cultura em experiência virtual)
	https://www.google.com/earth/	Google Earth (ver o mundo sob uma nova perspectiva)
	https://www.google.com.br/intl/pt/streetview/	Google Street View (fotos e *tour* virtuais em 360°)

Fonte: elaborado pelos autores.

O artigo 7º, do Código de Ética do Turismo, refere-se ao Direito ao Turismo, como:

> A possibilidade de acesso direto e pessoal ao descobrimento das riquezas de nosso mundo constituirá um direito aberto por igual a todos os habitantes de nosso planeta. A participação cada vez mais difundida no turismo nacional e internacional deve ser entendida como uma das melhores expressões possíveis do contínuo crescimento do tempo livre, e a ela não se colocará obstáculo nenhum. (BRASIL, 2015, p. 5)

O turismo virtual, embora não seja uma segmentação turística, possibilita o acesso a diversas localidades e atrativos turísticos do mundo. O acesso virtual pode ser pensado e usado como uma ferramenta de aprendizagem, pesquisa, educação, cultura e inclusão social.

O turista, o guia de turismo e o estudante poderão imergir em um universo virtual e ter acesso a locais onde poderão explorar, manipular, ver e ouvir através de interfaces e softwares virtuais praias, cidades, museus, exposições, parques, entre outros, de forma intuitiva e com simulações de experiências virtuais.

APROFUNDE SEUS CONHECIMENTOS

Para ampliar seus conhecimentos sobre quais são os códigos de ética do turismo, acesse o link disponível em: <http://www.turismo.gov.br/sites/default/turismo/o_ministerio/publicacoes/downloads_publicacoes/PREVIEW_MTUR_Codigo_de_Etica_Turismo_120_210mm_Portugues.pdf>. Acesso em: 29 jan. 2019.

4.4.1 Hospedagem e plataformas virtuais

Em uma busca por um destino, ora as redes hoteleiras divulgam suas ofertas isoladamente, ora os gestores públicos dos municípios tentam organizar, com base nos cadastros em juntas comerciais ou nas autoridades turísticas, os números exatos e as características de seus meios de hospedagem.

Tradicionalmente, o turismo de massa se desenvolveu nas localidades onde houve investimentos de grandes redes hoteleiras para construir e gerenciar meios de hospedagem, como hotéis, pousadas, *resorts*, entre outros. Essa oferta de unidades habitacionais – quantidade de quartos disponíveis em um hotel – e de leitos em cada um dos quartos foi, por muito tempo, limitante ou determinante para o desenvolvimento da atividade turística em uma cidade, um destino ou até mesmo um país.

A partir dos anos 2000, com a informatização e a consolidação das redes sociais, surgiram na web comunidades de viajantes e moradores que trocavam informações e ofertavam dicas de locais para pernoite ou para acomodação dos viajantes de forma gratuita ou a preços mais competitivos do que os tradicionais hotéis. Você pode observar que esse tipo de hospedagem autônoma, ou seja, ofertada sem ligação direta com as características de grandes operadoras turísticas e redes hoteleiras, possibilita uma nova forma de desenvolvimento e organização do turismo.

Figura 4.6 A internet tem facilitado a busca por quartos de hotéis ou hospedagens alternativas.

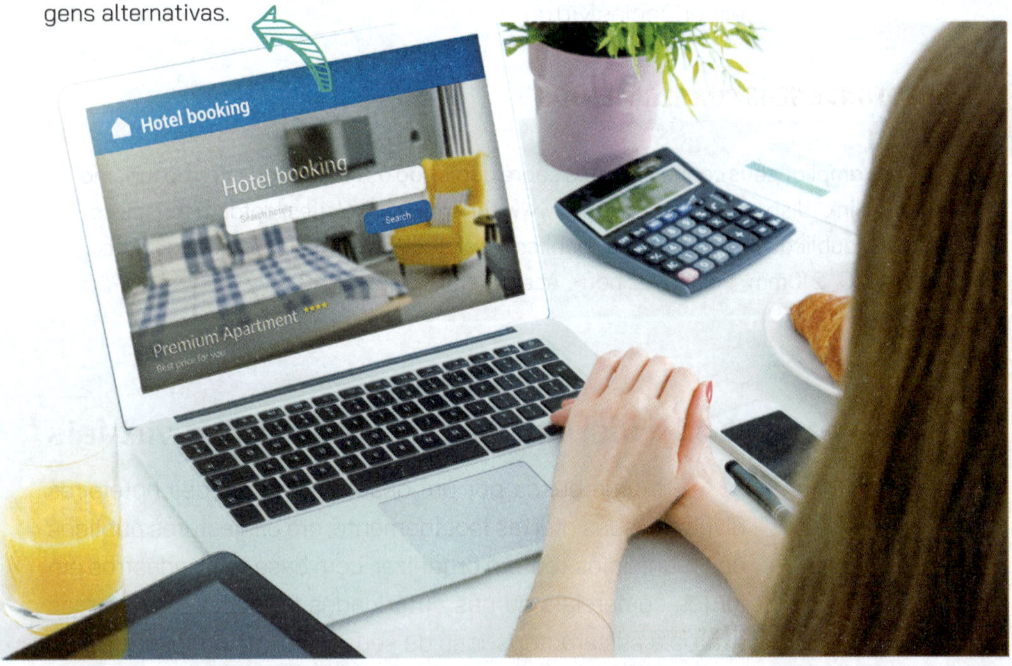

Idealizado pelos estadunidenses Casey Fenton e Daniel Hoffer, pelo francês Sebastien Le Tuan e pelo brasileiro Leonardo Bassani da Silveira, o projeto do <https://www.couchsurfing.com/> é uma rede social que oferece serviço de hospitalidade com base na internet. Tem como objetivo conectar pessoas de diversos países que queiram compartilhar experiências e o intercâmbio de hospitalidade de forma gratuita.

Essa oferta de quartos de diferentes perfis, organizada por moradores ou por pequenos grupos de empreendedores, é um fenômeno recente que deve ser conhecido e acompanhado pelos profissionais do turismo. Acompanhar essas características da localidade onde se atua permitirá o melhor desenvolvimento de projetos, investimentos, eventos, promoções e outras ações que fomentem o turismo.

Pela internet, é possível conhecer muitas opções de hospedagens solidárias ou gratuitas. Uma das primeiras iniciativas em âmbito global para reunir viajantes e anfitriões é o site <https://www.**couchsurfing**.com/>. A proposta dessa comunidade é exclusivamente ofertar hospedagem em quartos, camas ou sofás (daí o nome da comunidade), possibilitando a pessoas de diferentes localidades conseguirem acomodações para descanso. No Couchsurfing, o ofertante não é obrigado a oferecer nenhum tipo de serviço de apoio, como limpeza, alimentação, entretenimento, segurança.

Assim, você deve pensar na dificuldade que há em estabelecer padrões de serviço e convivência entre visitante e visitado e as limitações do modelo. Na internet, há relatos de experiências positivas e negativas dessa modalidade de hospedagem, a qual teve de se reinventar após problemas como roubos de segurança de dados e informações via web.

Grosso modo, todos os sites ou aplicativos que ofertam hospedagem a preços baratos têm como características comuns possuir um endereço eletrônico ativo, obrigar o cadastro do ofertante (usuário) e demandante (meio de hospedagem) permitir a quem acessa visualizar a avaliação de hóspedes anteriores e manter um comparativo de preços disponível ao usuário.

Esses sites podem ser usados pelos gestores públicos e privados de turismo como alternativa para levantamento prévio da hospedagem em uma localidade. Por meio deles, é possível conhecer empreendimentos ou pessoas que recebem viajantes em suas casas ou pousadas. Acessar as informações que essas pessoas físicas ou jurídicas detenham sobre o turismo na localidade pode ser o pontapé inicial para investimentos em infraestrutura, eventos, sinalização, roteiros e outras ações necessárias ao desenvolvimento da atividade turística.

Por esse motivo você verá a seguir um detalhamento das principais plataformas virtuais de hospedagens e suas características, facilitando a compreensão da ferramenta quando necessário para o desenvolvimento das atividades de receptivo turístico, promoção de destinos, planejamento de eventos, estudos de demanda e oferta de uma cidade, entre outras análises que o uso da comunidade permita ao profissional do turismo.

Tabela 4.2 Sites e comunidades virtuais de hospedagens

COMUNIDADE	ENDEREÇO ELETRÔNICO	CARACTERÍSTICAS
Airbnb	https://www.airbnb.com.br	Possui também a versão em app. Nele, é possível encontrar ofertas de residências ou empreendimentos privados de turismo, com valores de diárias e determinação de reservas e pagamento. Permite ainda a visualização de comentários e avaliações de usuários.
Couchsurfing	https://www.couchsurfing.com	Site de reserva em quartos, camas e sofás pelo mundo todo, permite ao viajante de forma gratuita ou paga acessar a oferta de uma localidade, bem como os dados de anfitriões e viajantes que fazem parte da comunidade. Muito usado por intercambistas, mochileiros, pequenos grupos ou viajantes solitários.

COMUNIDADE	ENDEREÇO ELETRÔNICO	CARACTERÍSTICAS
Homeaway	https://www.homeaway.com	Possui versão em app e atingiu mais de 2 milhões de aluguéis para pessoas em férias. Está presente em mais de 190 países e opera em 23 línguas. Focado em demandas para famílias e grupos em busca de acomodações, como cabines, apartamentos, castelos, casas, celeiros e quintas.
Onefinestay	https://www.onefinestay.com	Focado em hospedagens de padrão mais alto, com opções de mansões e acomodações mais exclusivas. São cerca de 2.500 em Paris, Londres, Los Angeles, Nova York e Roma. Geralmente, estão localizadas próximos a atrativos e pontos turísticos muito procurados nas cidades. Os hóspedes recebem um Iphone para usar durante a estadia com sugestões de restaurantes e passeios pelas cidades. Oferece ainda atendimento 24 horas, serviço de faxineira e roupas de cama e banho de excelente qualidade.
Wimdu	https://www.wimdu.com.br	O site é outro destaque, com mais de 300 mil imóveis cadastrados. Divide as propriedades por bairro ou região e, assim como os sites de reserva de hotel, dá notas baseadas nas avaliações deixadas pelos hóspedes.

Fonte: elaborada pelos autores.

Pela tabela, é possível perceber a possibilidade de atender a diferentes segmentos do turismo a partir do uso desses sites. Além disso, a busca por experiências exclusivas pode ser organizada com base nas ofertas presentes nessas comunidades.

Para saber mais!

Muitas redes hoteleiras e grandes operadoras turísticas têm investido ou adquirido empresas e *startups* ligadas a comunidades de hospedagem. É o caso da Expedia, que adquiriu o <https://www.homeaway.com/>. Acesso em: 01 fev. 2019.

Considerações finais

O desenvolvimento da atividade turística requer conhecimento regional, criatividade e inovação. Ao analisar o plano de metas (2018-2022) para o Brasil, observa-se quatro grandes diretrizes que estruturam o plano: fortalecimento da regionalização, melhoria da qualidade e competitividade, promoção da sustentabilidade e incentivo à inovação. Inovar no turismo se faz necessário para manter, melhorar e oferecer produtos de qualidade e diferenciados. O Brasil é um país com grandes limites e com uma diversidade enorme entre as suas regiões. É preciso que exista integração entre as regiões, maior formação de rede (cooperação entre os envolvidos diretos e indiretos) e ampla sensibilização das comunidades engajadas no desenvolvimento do turismo. Observa-se que existe condição de criar e desenvolver novos nichos de mercado, mas é preciso um processo de envolvimento e participação de todos os envolvidos.

PARA REFLETIR

1. Observe a Figura 4.2. Faça uma pesquisa sobre qual é o significado de cada uma dessas tendências.
2. Depois de você ter aprendido o que significa cada uma dessas segmentações, procure em qual localidade turística existe a prática ou o desenvolvimento dessas novas tendências.
3. Na região em que reside, você percebe que existe novas tendências na atividade turística? Descreva quais são as suas percepções referentes às tendências turísticas locais.

REFERÊNCIAS BIBLIOGRÁFICAS

AGÊNCIA NACIONAL DE AVIAÇÃO CIVIL (Anac). **Dados Estatísticos**. 2018. Disponível em: <http://www.anac.gov.br/assuntos/dados-e-estatisticas/dados-estatisticos/dados-estatisticos>. Acesso em: 28 jul. 2018.

ANDRADE, J. V. **Turismo**: fundamentos e dimensões. São Paulo: Ática, 2000.

BARRETO, M. **Manual de iniciação ao estudo do turismo**. Campinas: Papirus, 1995.

______. **Turismo e legado cultural**. Campinas: Papirus, 2000.

BENI, M. C. **Análise estrutural do turismo**. São Paulo: Senac, 2002.

BRASIL. **Constituição Federal**. Disponível em: <http: www.senado.leg.br/atividade/const/con1988/CON1988_05.10.1988/art_216_.asp>. Acesso em: 14 jan. 2019.

______. Coordenação Geral de Regionalização. **Programa de Regionalização do Turismo – Roteiros do Brasil**: introdução à regionalização do turismo. Brasília: MTur, 2007. Disponível em: <http:// www.turismo.gov.br/images/programas_acoes_home/PROGRAMA_DE_REGIONALIZACAO_DO_TURISMO_-_DIRETRIZES.pdf>. Acesso em: 15 jan. 2019.

______. Coordenação Geral de Regionalização. **Programa de Regionalização do Turismo – Roteiros do Brasil**: Módulo Operacional 7 – Roteirização Turística. Brasília: MTur, 2007. Disponível em: <http://www.regionalizacao.turismo.gov.br/images/roteiros_brasil/roteirizacao_turistica.pdf>. Acesso em: 15 jan. 2019.

______. Coordenação Geral de Regionalização. **Programa de Regionalização do Turismo – Roteiros do Brasil**: Ação Municipal para a Regionalização do Turismo. Brasília: MTur, 2007. Disponível em: <http://www.regionalizacao.turismo.gov.br/images/roteiros_brasil/acao_municipal_para_a_regionalizacao_do_turismo.pdf>. Acesso em: 15 jan. 2019.

______. Coordenação Geral de Regionalização. **Programa de Regionalização do Turismo – Roteiros do Brasil**: Turismo e Sustentabilidade. Brasília: MTur, 2007. Disponível em: <http://www.regionalizacao.turismo.gov.br/images/roteiros_brasil/turismo_e_sustentabilidade.pdf>. Acesso em: 15 jan. de 2019.

______. Coordenação Geral de Regionalização. **Programa de Regionalização do Turismo – Roteiros do Brasil**: Módulo Operacional 4: Elaboração do Plano Estratégico de Desenvolvimento do Turismo Regional. Brasília: MTur, 2007. Disponível em: <http://www.regionalizacao.turismo.gov.br/images/roteiros_brasil/elaboracao_do_plano_estrategico.pdf>. Acesso em: 15 jan. 2019.

______. Instituto do Patrimônio Histórico e Artístico Nacional. **Carta de Bagé ou Carta da Paisagem Cultural**. Bagé: MTur, 2007.

______. **Lei nº 11.771, de 17 de setembro de 2008**. Brasília: Ministério do Turismo, 2018. Disponível em: <http://www.turismo.gov.br/lei-no-11-771-de-17-de-setembro-de-2008.html>. Acesso em: 15 jan. 2019.

______. Ministério da Cultura. Instituto do Patrimônio Histórico e Artístico Nacional. **Paisagem Cultural**. Brasília, 2009.

______. Ministério da Cultura. Instituto do Patrimônio Histórico e Artístico Nacional. **Reflexões sobre a chancela da Paisagem Cultural Brasileira**. Brasília, 2011.

______. Ministério da Cultura. Instituto do Patrimônio Histórico e Artístico Nacional. **Os sambas, as rodas, os bumbas, os meus e os bois**. Brasília, 2006.

______. Ministério da Cultura. Instituto do Patrimônio Histórico e Artístico Nacional. **Livros de registro**. Disponível em: <http://portal.iphan.gov.br/pagina/detalhes/122>. Acesso em: 1 ago. 2018.

______. Ministério da Cultura. Instituto do Patrimônio Histórico e Artístico Nacional. **Livros do tombo**. Disponível em: <http://portal.iphan.gov.br/pagina/detalhes/608/>. Acesso em: 1 ago. 2018.

______. Ministério do Turismo. Coordenação Geral de Regionalização. **Programa de Regionalização do Turismo – Roteiros do Brasil**: Módulo operacional 6: Sistema de Informações Turísticas do Programa. Brasília: Ministério do Turismo, 2007. Disponível em: <http://www.turismo.gov.br/sites/default/turismo/o_ministerio/publicacoes/downloads_publicacoes/modulo_operacional_6_sistema_de_informacoes_turisticas_do_programa.pdf.>. Acesso em: 15 jan. 2019.

______ Ministério do Turismo. **Estudo da Demanda Turística Nacional**. 2012. Disponível em: <http://www.dadosefatos.turismo.gov.br/2016-02-04-11-54-03/demanda-tur%C3%ADstica-nacional/item/download/444_c3973dd978715416c8716edabb0769a1.html>. Acesso em: 20 de jul. 2018.

______. Ministério do Turismo. Instituto Marca Brasil. **Rede de Cooperação Técnica para a Roteirização – Experiência do Brasil**. Brasília: Ministério do Turismo, 2007. Disponível em: <http://www.turismo.gov.br/sites/default/turismo/o_ministerio/publicacoes/downloads_publicacoes/Rede_de_Cooperaxo_Txcnica_para_a_Roteirizaxo.pdf>. Acesso em: 15 de jan. 2019.

_____. Ministério do Turismo. **Mapa do Turismo Brasileiro-2016**. Disponível em: <http://www.mapa.turismo.gov.br/mapa/init.html#/home. Acesso em: 12 set. 2017.

_____. Ministério do Turismo. **Marcos Conceituais**. Disponível em: <http://www.turismo.gov.br/export/sites/default/turismo/o_ministerio/publicacoes/downloads_publicacoes/Marcos_Conceituais.pdf>. Acesso em: 15 abr. 2018.

_____. Ministério do Turismo. **Turismo Cultural**: orientações básicas. 3. ed. Brasília, 2010.

_____. Plano Aquarela. **Marketing Turístico Internacional do Brasil**. Disponível em: <http://www.turismo.gov.br/assuntos/5299-planos-de-marketing.html. Acesso em: 8 set. 2017.

_____. Plano de Cores. **Marketing Turístico Nacional do Brasil**. Disponível em: <http://www.turismo.gov.br/assuntos/5299-planos-de-marketing.html>. Acesso em: 8 set. 2017.

_____. **Plano Nacional de Turismo** – O turismo fazendo muito mais pelo Brasil 2013/2016. Brasília: Ministério do Turismo, 2013. Disponível em: <http://www.turismo.gov.br/images/pdf/plano_nacional_2013.pdf>. Acesso em: 15 jan. 2019.

_____. **Plano Nacional de Turismo:** uma viagem de inclusão 2007/2010. Brasília: Ministério do Turismo, 2007. Disponível em: <http://www.turismo.gov.br/sites/default/turismo/o_ministerio/publicacoes/downloads_publicacoes/plano_nacional_turismo_2007_2010.pdf>. Acesso em: 15 jan. 2019.

______. **Plano Nacional de Turismo 2003/2007**. Brasília: Ministério do Turismo, 2003. Disponível em: <http://www.turismo.gov.br/sites/default/turismo/o_ministerio/publicacoes/downloads_publicacoes/plano_nacional_turismo_2003_2007.pdf>. Acesso em: 15 jan. de 2019.

______. **Plano Nacional de Turismo (2018-2022)**. Brasília: Ministério do Turismo, 2018. Disponível em: <http://www.turismo.gov.br/images/mtur-pnt-web2.pdf>. Acesso em: 19 mar. 2019.

______. **Portaria nº 105, de 16 de maio de 2013**. Brasília: Ministério do Turismo, 2013. Disponível em: <http://www.turismo.gov.br/legislacao/?p=93. Acesso em: 15 jan. 2019.

______. Secretaria de Políticas de Turismo. Autoria do conteúdo técnico-científico: PANOSSO NETTO, A.; SILVA, F. J. P.; TRIGO, L. G. G. **Programa de Qualificação a Distância para o Desenvolvimento do Turismo**: formação de gestores das políticas públicas do turismo. Florianópolis: SEAD/FAPEU/UFSC, 2009.

______. **Segmentação do turismo e o mercado**. Brasília: Ministério do Turismo, 2010. Disponível em: <http://www.turismo.gov.br/sites/default/turismo/o_ministerio/publicacoes/downloads_publicacoes/Segmentaxo_do_Mercado_Versxo_ Final_IMPRESSxO_.pdf>. Acesso em: 15 jan. 2019.

BRASIL. **Lei nº 11.778, de 17 de setembro de 2008**. Disponível em: <http://www.planalto.gov.br/ccivil_03/_Ato2007-2010/2008/Lei/L11788.htm>. Acesso em: 29 jan. 2019.

COOPER, C.; FLETCHER, J.; WANHILL, S; GILBERT, D.; SHEPHERD, R. **Turismo**: princípios e práticas. Porto Alegre: Bookman, 2007.

COSTA, F. R. **Turismo e patrimônio cultural**. São Paulo: Senac, 2009.

DIAS, R. **Turismo e patrimônio cultural**: recursos que acompanham o crescimento das cidades. São Paulo: Saraiva, 2006.

FERNANDES, I. P. **Planejamento e organização do turismo**: uma abordagem desenvolvimentista com responsabilidade ambiental. Rio de Janeiro: Elsevier, 2011.

FONSECA, M. C. L. **O patrimônio em processo**: trajetória da política federal de preservação no Brasil. Rio de Janeiro: UFRJ, 1997.

FUNARI, P. P.; PELEGRINI, S. C. A. **Patrimônio histórico e cultural**. Rio de Janeiro: Jorge Zahar, 2009.

IGNARRA, L. R. **Fundamentos do turismo**. São Paulo: Pioneira Thomson Learning, 2002.

INSTITUTO CHICO MENDES (ICMBio). **Turismo de base comunitária em unidades de conservação federais**: princípios e diretrizes, 2018. Disponível em: <http://www.icmbio.gov.br/portal/images/stories/comunicacao/publicacoes/turismo_de_base_comunitaria_em_uc_2017.pdf>. Acesso em: 29 jan. 2019.

MENESES, U. T. B. A paisagem como fato cultural. In: YÁZIGI, E. (Org.). **Turismo e paisagem**. São Paulo: Contexto, 2002, p. 29-64.

NOGUEIRA, A. G. R. Inventário e Patrimônio Cultural no Brasil. São Paulo: Scielo Brasil. **História**, v. 26, n. 2, p. 257-268, 2007. Disponível em: <http://www.scielo.br/pdf/

his/v26n2/a13v26n2.pdf>. Acesso em: 5 maio 2018.

ORGANIZAÇÃO MUNDIAL DO TURISMO (OMT). **International Recommendations for Tourism Statistics.** 2008. Disponível em: <https://unstats.un.org/unsd/publication/Seriesm/SeriesM_83rev1e.pdf>. Acesso em: 30 jul. 2018.

______. **World Trade Organization**: Who We Are. Disponível em: <https://www.wto.org/english/thewto_e/whatis_e/who_we_are_e.htm>. Acesso em: 31 jul. 2018.

PANOSSO NETTO, A. **O que é turismo**. São Paulo: Brasiliense, 2010.

PANOSSO NETTO, A.; LOHMANN, G. **Teoria do turismo**: conceitos, modelos e sistemas. São Paulo: Aleph, 2008.

PETROCCHI, M. **Turismo**: planejamento e gestão. São Paulo: Futura, 1998.

PREFEITURA DE SÃO PAULO. Secretaria de Cultura. Departamento do Patrimônio Histórico. **Preservação**. Disponível em: <http://www.prefeitura.sp.gov.br/cidade/secretarias/cultura/patrimonio_historico/preservacao/index.php?p=430>. Acesso em: 22 maio 2018.

REJOWSKI, M. (Org.). Desenvolvimento do Turismo Moderno. In: **Turismo no percurso do tempo**. São Paulo: Aleph, 2002.

RIBEIRO, R. W. **Paisagem Cultural e Patrimônio**. Rio de Janeiro: Iphan, 2007.

______. **Possibilidades e limites da categoria de paisagem cultural para formação de políticas de patrimônio**. Rio de Janeiro, 2010.

RODRIGUES, M. In: FUNARI, P. P.; PINSKY, J. (Org). **Turismo e patrimônio cultural**. São Paulo: Contexto, 2011.

SANCHO, A. OMT. Dolores Martin Rodriguez Comes (Trad.). **Introdução ao turismo**. São Paulo: Roca, 2001.

SANTOS, J. L. **O que é cultura.** São Paulo: Brasiliense, 2006.

SÃO PAULO TURISMO. Equipe Técnica da Diretoria de Turismo e Entretenimento da São Paulo Turismo. **Platum 2015-2018**: Plano de Turismo Municipal. São Paulo: São Paulo Turismo, 2015. Disponível em: <http://imprensa.spturis.com.br/wp-content/uploads/downloads/2015/06/platum-2015-2018.pdf>. Acesso em: 15 jan. 2019.

______. Observatório do Turismo. **São Paulo**: cidade do mundo. Dados e fatos do setor de negócios, eventos, viagens e turismo na capital paulista. Disponível em: <http://www.observatoriodoturismo.com.br/dados-e-fatos-2017/>. Acesso em: 12 set. 2017.

SÃO PAULO. **Lei complementar nº 1.261, de 29 de abril de 2015**. Disponível em: <https://www.al.sp.gov.br/repositorio/legislacao/lei.complementar/2015/lei.complementar-1261-29.04.2015.htm>. Acesso em: 29 jan. 2019.

______. Secretaria de Turismo. Município de Interesse Turístico. **Cartilha de orientação de acordo com a lei 1261/15**. Disponível em: <http://www.turismo.sp.gov.br/publico/include/download.php?file=108>. Acesso em: 15 set. 2017.

SERVIÇO DE APOIO ÀS MICRO E PEQUENAS EMPRESAS (Sebrae). **Manual de Apoio à Comercialização para Destinos Turísticos.** Disponível em: <http://www.instituto-

brasilrural.org.br/download/20101017161745.pdf>. Acesso em: 4 set. 2017.

______. **Turismo no Brasil**: Termo de referência para a atuação do sistema Sebrae. Disponível em: <http://intranet.df.sebrae.com.br/download/uam/Pesquisa/Turismo/TR_turismo _final.pdf>. Acesso em: 4 set. 2017.

______. **Cadeia produtiva do turismo**: cenários econômicos e estudos setoriais. Disponível em: <http://189.39.124.147:8030/downloads/Turismo.pdf>. Acesso em: 5 set. 2017.

TAVARES, A. M. **City tour**. são Paulo: Aleph, 2002. (Coleção ABC do Turismo.)

ORGANIZAÇÃO DAS NAÇÕES UNIDAS PARA A EDUCAÇÃO, A CIÊNCIA E A CULTURA (Unesco). Disponível em: <http://www.unesco.org.br>. Acesso em: 20 maio 2018.

VASCONCELOS, C. M. **Turismo e museus**. São Paulo: Aleph, 2006.

VASCONCELOS, M. A. S.; CARVALHO, L. C. P. **Introdução à economia do turismo**. São Paulo: Saraiva, 2006.

WORLD TOURISM ORGANIZATION (WTO). Disponível em: <http://unwto.org/>. Acesso em: 20 abr. 2018.

CRÉDITO DAS IMAGENS

CAPÍTULO 1

ABERTURA: LIGHTFIELDSTUDIOS/GETTY IMAGES
FIGURA 1.1: YAKOBCHUKOLENA/GETTY IMAGES
FIGURA 1.2: SERRNOVIK/GETTY IMAGES
FIGURA 1.3: MICROGEN/GETTY IMAGES
FIGURA 1.4: POLLYANA VENTURA/GETTY IMAGES
FIGURA 1.5: VADIMGUZHVA/GETTY IMAGES
FIGURA 1.6: SOLSTOCK/GETTY IMAGES
FIGURA 1.7: GUVENDEMIR/GETTY IMAGES
FIGURA 1.8: NYUL/GETTY IMAGES
FIGURA 1.9: ALEXLMX/GETTY IMAGES
FIGURA 1.10: ДМИТРИЙ ЛАРИЧЕВ/GETTY IMAGES
FIGURA 1.11: DELPIXART/GETTY IMAGES
FIGURA 1.12: MILOS-MULLER/GETTY IMAGES
FIGURA 1.13: BUDDHIKA_JAYAWARDANA/GETTY IMAGES
FIGURA 1.14: WSFURLAN/GETTY IMAGES
FIGURA 1.15: RAWPIXEL/GETTY IMAGES
FIGURA 1.16: PKAZMIERCZAK/GETTY IMAGES; MATTSCHIA_/GETTY IMAGES; SARAH8000/GETTY IMAGES; MANGOSTAR_STUDIO/GETTY IMAGES
FIGURA 1.17: YOLA WATRUCKA/GETTY IMAGES
FIGURA 1.18: PRIMAGEFACTORY/GETTY IMAGES
FIGURA 1.19: GOLUBOVY/GETTY IMAGES
FIGURA 1.20: LISLUD/GETTY IMAGES

CAPÍTULO 2

ABERTURA: RMNUNES/GETTY IMAGES
FIGURA 2.1: DOLGACHOV/GETTY IMAGES
FIGURA 2.3: PAULO CAMELO/WIKIMEDIA
FIGURA 2.4: SILVIA SCHUMACHER/WIKIMEDIA
FIGURA 2.5: FILIPEFRAZAO/GETTY IMAGES
FIGURA 2.6: MAFELIPE/GETTY IMAGES

CAPÍTULO 3

ABERTURA: FG TRADE/GETTY IMAGES
FIGURA 3.1: JULIANDOPORAI/GETTY IMAGES; CHRISTIAN PETERS/GETTY IMAGES; BUZBUZZER/GETTY IMAGES; LORDRUNAR/GETTY IMAGES; 1001NIGHTS/GETTY IMAGES; LORRAINE
FIGURA 3.2: TANGENTE DESIGN
FIGURA 3.3: TANGENTE DESIGN
FIGURA 3.4: GOBIERNO DE LA CIUDAD DE BUENOS AIRES/DIVULGAÇÃO; MATANYA
FIGURA 3.5: TANGENTE DESIGN
FIGURA 3.6: TANGENTE DESIGN
FIGURA 3.7: TANGENTE DESIGN
FIGURA 3.8: PLÍNIO LINS BRANDÃO VEAS
FIGURA 3.9: LRDINAMARCO
FIGURA 3.10: CARLOS ALKMIN
FIGURA 3.11: ASPARGOS
FIGURA 3.12: AGENT ROLF
FIGURA 3.13: GABRIEL CESAR
FIGURA 3.14: PAULOALMEIDAPHOTOGRAPHY/SHUTTERSTOCK
FIGURA 3.15: CARLOSCARDETA/GETTY IMAGES
FIGURA 3.16: NENOZEN/GETTY IMAGES
FIGURA 3.17: TANGENTE DESIGN
FIGURA 3.18: TANGENTE DESIGN
FIGURA 3.19: WSFURLAN/GETTY IMAGES
FIGURA 3.20: TANGENTE DESIGN
FIGURA 3.21: TANGENTE DESIGN
FIGURA 3.22: TANGENTE DESIGN
FIGURA 3.23: TANGENTE DESIGN
FIGURA 3.24: TANGENTE DESIGN
FIGURA 3.25: TANGENTE DESIGN
FIGURA 3.26: TANGENTE DESIGN

CAPÍTULO 4

ABERTURA: NICOELNINO/GETTY IMAGES
FIGURA 4.1: FERNANDOPODOLSKI/GETTY IMAGES
FIGURA 4.2: TANGENTE DESIGN
FIGURA 4.3: TANGENTE DESIGN
FIGURA 4.4: TANGENTE DESIGN
FIGURA 4.5: DIVULGAÇÃO/MUSEU CANDIDO PORTINARI
FIGURA 4.6: SIMPSON33/GETTY IMAGES